U0826716

天府文化 百年成都 丛书

成都百年小镇

成都市文化体制改革和文化产业发展领导小组办公室 主编

汪令江
邱　果　编著
徐艺心

成都时代出版社

天府文化　百年成都

Tianfu Culture，A Century-old Chengdu

"天府文化·百年成都"丛书序

最温暖的记忆，最深刻的年轮

毛志雄

在中国城市体系，乃至世界城市体系中，成都是少有的千年城池未变、城名未改的现代都市。而这座拥有4500年文明史和2300年建城史的中国国家历史文化名城，如今正呈现出国际化、现代化的崭新形象。在成都迈向可持续发展的世界城市的历史当口，有必要回顾成都刚刚过去的百年历史，研究和探索成都究竟有什么样的昨天，凭什么走到如此壮阔的今天，靠什么走向更加美好的明天。

从20世纪初到21世纪初的这一百年，是成都历史上记忆最温暖的一百年。这一百年，离我们如此之近，时光虽已过去，但尚未走远；历史虽已翻篇，但仍触手可及，大量的史料和物证还在手中，众多的亲历者和见证人还在身边，历史的余温尚在。这一百年，和我们如此之亲，是我们和父辈共同走过的一百年，其间充满了我们和父辈乃至祖辈的共同经历，当年一起的追求与梦想还历历在目，当年一起的艰辛与付出还记忆犹新，件件都那样的亲切，那样的温馨感人；这一百年，惠及我们如此之多，是每个成都人、每个成都家庭变化最大和收获最多的一百年，也是最值得回味和最值得珍视的一百年，大家共同目睹了成都影响中国甚至影响世界的重大事件，共同收获了成都发展带来的繁荣与富足、进步与和谐。回顾百年历史，可以看到父辈的昨天是如何的青春飞扬、城市的昨天是如何的莺飞草长，可以看到在这一百年里，时代、城市和家人给予的爱和力量，让我们永远感恩这个蓬勃发展的时代，感恩这座生生不息的城市，感恩生我养我的挚爱亲人。

这一百年还是成都历史上变化最深刻的一百年。这一百年，本质上是成都从传统走向现代、从封闭走向开放的一百年，是成都从农业文明走向工业文明和城市文明、从内陆城市走向世界城市的一百年，堪称成都建城史上最深刻的年轮。成都现代文明是于这一百年开局的。1875 年，洋务派官僚张之洞简放四川学政后，在成都创办尊经书院，不志科举，专事西方科学知识教育；而后的 1896 年、1902 年和 1910 年，四川第一所官办新式学校——成都中西学堂、四川大学的前身四川省城高等学堂、华西协合大学相继在成都设立；1901 年，成都开始外派留学生，当年即派出首批赴日留学生 24 名和赴美留学生 23 名，截至 1909 年，成都府共派赴日留学生 311 名。成都现代工业是在这一百年生长的。1877 年，洋务派成员四川总督丁宝桢在成都创办“四川机器局”，从上海洋行购买机器，仿造洋枪洋炮，修理军用机械，此后，四川机器局又先后开办银圆局、铜圆局，并更名为成都造币厂；我祖父日本留学归国后就曾担任成都造币厂厂长。1903 年，成都设立四川通省劝工总局，并先后成立富国机械厂、启明电灯公司、乐利造纸公司等企业。成都现代意义的城市是在这一百年起步的。1921 年，北洋政府建立成都市政公所，专门管辖川西道成都、华阳两县的城区。之后，成都城区开始大规模修建道路，建成春熙路等重要道路，并兴建自来水、电力和电话等基础设施。1928 年，民国政府正式设置成都市。回顾百年历史，我们可以深刻感受到时代变迁、制度革命和文化演进对城市的巨大作用，可以深切感受到国家刻骨铭心的磨难、民族感天动地的奋斗和人民彪炳史册的创造对城市的巨大影响，并发自内心地致敬伟大的时代，致敬伟大的祖国，进一步坚定中国特色社会主义的道路自信、理论自信、制度自信和文化自信。

这一百年也是成都历史上发展最精彩的一百年。这一百年，每当国家、民族的危难关口，成都人总是挺身而出，主动担当。1911 年，成都人民掀起保路运动，直接引爆辛亥革命；1912 年，成都人彭家珍炸死良弼，被孙中山先生誉为辛亥革命的“收功弹丸”；抗日战争中，川军参加抗日正面战场主要战役有 340 万人，伤亡 64 万人，许多人来自成都，成都人王铭章将军率所部 122 师死守滕县，壮烈捐躯，为台儿庄战役的胜利立下不朽功勋。这一百年，成都总是行进在中国开放的大道上，无论是被动开放还是主动开放。20世纪初，成都设立法国领事机构，之后又设立华西协合大学和圣修、仁济、协合医院等教会学校和教会医院，让成都在百年之初最先接触外来文明；抗战期间，燕京大学、齐鲁大学、金陵大学、金陵女子文理学院等高校内迁成都，大批专家名流和文化人齐聚蓉城，使成都一跃成为重要的文化中心。这一百年，成都总是顺应历史潮流，积极应变，主动求变，努力与时代同行。20世纪初，经学家廖平、思想家宋育仁等在成都成立蜀学会，创办《蜀学报》，鼓吹维新变法，为中国和四川维新变法做出重要贡献。而后，成都最早的马克思主义者王右木等在成都组织马克思主义读书会，成立“四川社会主义青年团”和中共成都独立小组，宣告中国共产党早期组织在成都成立。回顾百年历史，可以深刻认识成都在中国社会进步中的重要作用，成都不仅是时代变革的引爆器，还是社会进步的加速器；可以深刻认识历史变量在成都发展中的重要作用，即时代变迁赋予了成都重大机遇，制度革命带给了成都巨大能量，文化演进给予了成都持久活力。成都更加自觉地与时代同行，为历史担当，书写更加精彩的成都篇章。

从20世纪初到21世纪初的这一百年，是当代成都人最期望探寻、最值得研究和最应当书写的一百年。这一百年，成都在中华民族波澜壮阔的复兴征程中一路前行，基本走完发达国家城市几百年才走完的工业化、城市化历程。回顾百年历史，在由衷地赞叹其辉煌成就、感叹其来之不易的同时，有必要反思成都百年巨变的主要成因。

首先是得益于时代的力量。这一百年，是激烈动荡又快速前进的一百年，是先进的社会生产取代落后的社会生产的一百年。这一百年，成都经历了资本主义、帝国主义的入侵，特别是日寇侵华战争的巨大冲击，经历了结束封建帝制、消除军阀割据、消灭入侵日寇和成立中华人民共和国等重大事件的巨大影响。可以说，在成都几千年建城史中，没有任何一个百年像这一百年遭遇如此深重的社会磨难，没有任何一个百年像这一百年实现如此深刻的社会变化。也正是这一百年，使成都凤凰涅槃，浴火重生，让成都彻底结束闭关自守和贫穷落后，真正走向文明进步和繁荣富强。没有这个时代的洗礼，成都人思想不可能如此解放，状态不可能如此昂扬。

其次是得益于制度的力量。革命是历史前进的火车头。这一百年，是风起云涌又不断跃进的一百年，是先进的社会制度取代落后的社会制度的一百年。中国特色社会主义制度在这百年中显示出强大的生命力，推动中国建设富强民主文明和谐美丽的社会主义现代化国家，推动成都成为具有竞争力和影响力的体现新发展理念的国家中心城市。正是由于优越的社会制度，这一百年成都经济飞速发展，经济总量从1949年的3.99亿元增长到2017年的1.39万亿元，发展成为全国城市第七、省会城市第二的特大中心城市。没有中国特色社会主义制度，不可能有成都的今天。

再次是得益于文化的力量。成都历来具有不排外、汇百流、善吸收、能创新、勇进取的开放性格。历史上，开明氏入蜀，带来了荆楚文化；秦定蜀，带来了关中文化；清代“湖广填四川”及1949年后的“三线建设”，加速了文化的交融。在数千年的历史长河中，成都依托优越的自然条件、深厚的历史积淀和独特的文化底蕴，在自然与人文、封闭与开放、农耕文明与城市文明碰撞融合中传承发展，形成了创新创造、优雅时尚、乐观包容、友善公益的天府文化，这一文化在20世纪初到21世纪初的百年间创造性转化和创新性发展，成为成都百年发展的精神力量。正是天府文化所蕴含的崇德向善的精神品格、自强不息的风骨气质、海纳百川的胸襟气度、爱国忧民的家国情怀，支撑了百年成都的革故鼎新、善谋图变，支撑了百年成都人的达观向上、兼容并包，最终成就了成都的百年巨变。

在中国共产党成立一百周年之际，为进一步弘扬中华优秀传统文化，传承和发展天府文化，成都市文化体制改革和文化产业发展领导小组办公室专门编撰了这套“天府文化·百年成都”丛书，目的在于从建设可持续发展的世界城市的高度回望成都从20世纪初以来的百年历史，从政治、经济、文化、社会、生态等多个领域，从城市基础设施、规划建设、空间拓展、经济布局、产业演进、教育医疗、科技文化等多个方面，全景式多视角地反映成都的百年变化，揭示成都百年的发展轨迹，并对成都发展的规律做出深入透彻的阐释。首批出版的《成都百年学校》《成都百年医院》《成都百年小镇》《成都百年风俗》《成都百年风物》和《成都百年影像》六本书，从教育、医疗、城镇、民风、民俗等角度，以图文并茂和叙议结合的方式，记录成都既充满温情又饱含认知的百年历史，力图为读者带来新鲜的视觉感受、丰富的文化体验、全面的地域认识和深刻的历史认知。

期待这套丛书能从历史与现实的维度，展示成都这座国家历史文化名城的深度与广度。

作者系成都市文化体制改革和文化产业发展领导小组副组长，“天府文化·百年成都”丛书编委会主任，成都大学成都研究院院长，法学硕士、经济学博士。

目录 Contents

街子镇

临邛镇

白鹿镇

城厢镇

盐井 Salt Pump，四川成都（1917—1919） 甘博 摄

灌溉渠边的牛雕像 Cow on Irrigation Work，四川都江堰市灌县（1917—1919） 甘博 摄

1917—1919年的成都一角　甘博 摄

引言

李劼人先生说：“成都是一个古城。”

的确，成都自建城以来，城址未变、城名未改，千百年来一直如此。几千年来，成都平原沿岷江和沱江水系形成了数以百计的传统场镇。成都辖区可考的传统场镇有220多个，包括近200个建制镇和20余个由镇改制的街道。其中许多场镇的历史可以追溯至唐宋以前，有的甚至还留有古蜀国的遗迹。这些传统场镇是川西平原在漫长的人类活动中形成的自然与人文的宝库。

传统场镇的形成得益于成都平原“天府之国”的泽润，秦时李冰父子修建的都江堰水利工程，逐渐解决了成都一带频繁的旱涝灾害，造就了“水旱从人，不知饥馑，时无荒年，天下谓之‘天府’也”的时代景象。“天府之国”的名称也由此得来。环绕着四川盆地的山脉与高原，形成了一个相对独立的成都平原，孕育出独特的经济形态、生活方式以及文化脉络，形成了颇具规模与人文特色的传统场镇群落。

百年来，成都发生了天翻地覆的变化，传统场镇承载着成都百年最幽深的记忆，那一代代传人、一条条街巷、一栋栋建筑、一座座古镇，记录着几多传奇故事，收藏着多少如烟往事，岁月如歌，悲欢离合。著名的文学大师纪伯伦曾说：“回忆，是另一种重逢。”

当我们重新开启成都传统场镇的百年记忆之门，会发现成都千年的文脉如何在这百年得以传承；会感叹不同的地域文化是怎样在这座移民城市相互碰撞与交融，凝结成兼容并包的城市精神，又传承于这些传统场镇；会惊叹成都一个世纪以来在经济、贸易、交通以及城市建设中所体现出来的开放与活力。

百年前，一群西方传教士来到这些场镇，兴办起学校、医院、慈善堂，举办西式教育、医药、慈善、文化活动，带来了先进科学技术和现代文化知识，使得这些场镇与外界有了频繁的交往，西方的现代文化、思想、观念得以在此碰撞，民众开始与西方人接触，并与他们进行语言、文化和宗教的相互学习与交流，加快了成都近现代化的脚步。

百年前，大批的书院在这些场镇得以创建或改良，这些书院改革教育、培养人才，对成都乃至整个四川地区的近代教育与学术产生了深远的影响，在中国近现代史上书写了浓墨重彩的华章，成都人文大放异彩。

百年来，无数的能人志士走出这些场镇，正如书中涉及的辛亥义士彭家珍、革命烈士车耀先、一代文豪艾芜、哲学宗师贺麟、国学大师王叔岷、“蜀中名宿”吴虞、天文学家刘子华以及神话学大师袁珂，等等，他们与同时代的人一起书写了成都历史，也成了成都最深刻的历史记忆。

历史的力量往往超越了人们的想象，百年的变迁融入了老一辈人的生命中，也在新一代人身上传续。成都的传统场镇见证了时代的变革与发展，以其独有的文化气质拉近了城市与乡里、现代与历史的距离。

天府文化　百年成都

Tianfu Culture, A Century-old Chengdu

Chengdu 100 Year
Small town

成都百年小镇

新繁镇

文脉赓续 于兹为盛

新繁，在中国现当代史上，出现了艾芜、吴虞以及袁珂三位“大师级”的人物，真可谓星光熠熠。在成都古镇，四川古镇，乃至中国古镇里，都是少有的。新繁，为啥会这样？

源于古蜀的川西名镇

新繁镇位于成都市区的北边，现新都区的西北部，成都以北 18 公里处。地处都江堰自流灌区的核心区域，成都平原的腹心地带，平畴沃壤，有“温（江）郫（都）崇（宁）新（繁）灌（都江堰）”之美称，真正体现着“水旱从人，不知饥馑”的“天府之国”美誉。镇域内河渠纵横，北有青白江河、杨柳河，中有锦水河，西南有毗河、南二支渠。气候温润，多桉、桤、麻柳、杉、桑、竹丛等植物，栽种水稻、小麦、油菜等农作物。至今保留着成都平原独特的清秀、绮丽的田园风光。

新繁具有悠久的历史，其名称经历了数次变化。新繁，旧名繁江镇，古名繁。约在春秋时期由蜀王望帝杜宇氏所建，距今有 2700 多年的历史。杜宇氏在“教民务农”后，在彭（州）灌（都江堰）间的九陇山区建立了“郫”邑。因生产发展和人口增加，一部分沿青白江顺流而下，在平原地带分建城邑，以利管理。新建的城邑，取物产丰富、人烟繁盛之义为名，故名繁。《华阳国志》记载，“蜀川人称郫、繁为膏腴”，盖因他们的开发与建立，而与杜宇氏的原山区相比，当时是最为肥美和繁荣之地。

繁县的建置时间，原有秦、汉之说，但均未标注时间。随着近几十年对杜宇所置的繁地区的考古发掘，充分证明了繁在杜宇氏时代就已建立。《汉书·地理志》记述秦置蜀郡，将繁列为蜀郡所辖 15 个县的第三，排名成都、郫县之后。明代正德年间的《四川通志》记，秦始皇元年（公元前 221 年），

新繁镇美景　蔡振雄　摄于 2019 年

新繁镇美景 蔡振雄 摄于2019年

将繁置为一县，隶属蜀郡。一直到西魏恭帝三年（公元 556 年），宇文觉建立北周后，正式撤销繁县，改繁县为新繁县，隶属益州蜀郡为止。

新繁建县后，经历了数次的并入与恢复变更。隋文帝开皇三年（公元 583 年），新繁县并入成都县。唐高祖武德三年（公元 620 年），复置新繁县。明洪武十年（公元 1377 年），新繁县并入成都县，三年后，又恢复新繁县。清康熙七年（公元 1668 年），彭县并入新繁县。雍正七年（公元 1729 年），复置彭县。1960 年，撤销新都县，并入新繁县，1962 年，又恢复新都县，1965 年，撤销新繁县，并入新都县，原县城繁江镇改名新繁镇。县制消亡，但名称得以留存。

新繁名称的由来，始于三国蜀汉时期。延熙十年（公元 247 年）和十七年（公元 254 年），后主刘禅令姜维领兵北征，将来降的陇西凉州胡人及河间、河关、临三县民众迁居繁县屯垦，然后分批将繁县部分民众迁至青白江南（即今镇址）屯垦聚居，用以拱卫京城成都，始将聚居地称为“新繁”。北周明帝武成二年（公元 560 年），繁县南迁至新繁。由此可见，新繁镇址，如今有 1700 多年没有动迁过，这在川西古镇里，除县城以外属少有的。同样的，由县城改制为镇后，原有的格局因千年文脉的存在，至今仍有它的独特魅力。

新繁文脉 始于盛唐

一个城镇的文脉，是城镇诞生和演进过程中形成的生活方式，以及不同阶段留存下的历史印记，是历史遗留下来的文化精髓。文脉是城镇特质的组成部分，是城镇彼此区分的重要标志，是一个城镇的根，是城镇的灵魂。文脉，即一种文化的脉络；而文化，冯骥才先生认为：“在深层，它表现在这个城市独自的生活方式、习俗、方言、艺术，乃至集体性格中；在表层，一望而知，就在城市的形态——格局与建筑中。”一般来说，做过县城的城镇，文化往往是存在于寺庙、书院、民居等建筑物中。梳理新繁的文脉，我们不难发现，虽然曾经很长时间里做过县城，但与其他县城相比，像文庙、寺庙、民居等承载文化的物质形态，几乎消失殆尽，难觅踪迹。在一张清代新繁县城池图上，我们见到新繁镇上，有文昌宫、学宫、川王宫、禹王宫、天后宫、真武宫、万寿宫、书院、东岳庙、武庙、火神庙等建筑物标识，但现在这些已难觅其踪。唯有东湖，还保留至今，成了新繁千年文脉唯一的承载体。而东湖的开凿，始于盛唐，始于一个叫李德裕的人。新繁，实在应该将他作为一个“神”，一个文化之“神”供奉起来。

新繁镇东湖　蔡振雄　摄于 2019 年

东湖　蔡振雄　摄于 2019 年

东湖内别具一格的景致　蔡振雄　摄于 2019 年

李德裕（公元 787-850 年），唐代文学家、政治家，宰相李吉甫之子。唐文宗太和四至六年（公元830-832 年），他出任剑南西川节度使。此前的川西，遭南诏侵略和吐蕃侵扰，残破不堪。他在川的短短四年间，在理县建筹边楼，绘制川西地图，南至南诏，西至吐蕃，深入了解边情，训练士卒，积储军粮，修葺和构筑城堡边障，有效地加强了川西川南边防，川西人心甫定。其政治才干和军事才干得以充分展现。

其实，李德裕在历史上是一个政治才能掩盖了文学成就的人。他两度为相，主政期间，重视边防，力主削弱藩镇，巩固中央集权，使晚唐内忧外患的局面得到暂时的安定，曾被李商隐誉为“万古之良相”。在唐朝那个诗的朝代里，他同时善诗文。《新唐书·艺文志》录李德裕《会昌一品集》20 卷，又《姑臧集》5 卷，《穷愁志》3 卷，《杂赋》2 卷等。论写文章，他在《文章论》中，援用曹丕文气之说，反对雕琢与拘于声律，重视语言的自然之势，以为文章当继承《诗》《骚》传统，“譬诸日月，虽终古常见，而光景常新，此所以为灵物也”，见解颇重视文学特点，与当时古文家之崇尚以文贯道者不同。他的诗，以五言见长。“律诗胜古诗，五字句又胜七字句”（魏泰《临汉隐居诗话》），五代孙光宪记时人言：“渔歌樵唱，皆传公述作。”（《北梦琐言》），王士禛推崇他说：“李卫公一代伟人，功业与裴晋公伯仲；其《会昌一品集》，骈偶之中，雄奇骏伟，与陆宣公上下；别集《忆平泉》，五言诸诗，较白乐天、刘梦得不啻过之。”（《池北偶谈》）他还有笔记小说《次柳氏旧闻》，记玄宗遗事。

李德裕任西川节度使兼新繁县令时，开凿了东湖。据《新繁县志》记载，五代时仁寿人孙光宪《北梦琐言》云：“新繁县有东湖，李德裕为宰日所凿。”因李德裕“进封卫国公”，湖在县署之东，故称“唐李卫公东湖”。如今的东湖南门上，就刻有清新繁知县程祥栋题写的这几个字。东湖园林面积 2 万多平方米，水面占到三分之一，经历代营建培修而成。现在的园林建筑，由江苏泰州学者程祥栋于清同治三年（公元 1864 年）兴建。整个园林布局，保持了唐代古典园林风貌，为我国仅存有迹可考的两座最早古典园林之一；另一处为山西新绛县的绛守居，具有很高的历史价值和艺术价值，为我国园林之滥觞。园林清溪曲水，荷塘菱沼萦回，垒山叠石，造型朴实，咫尺山林，步移景异，花木扶疏，参天巨树，古藤幽篁，楼台掩映，庭院小巧别致，在清代被誉为“西蜀名园”。也可以说，新繁因东湖成为千年文脉的嚆矢。

东湖有幸，新繁有幸，东湖在宋代得以呵护与文脉相传。李德裕虽然开凿了东湖，留下了一座兼具自然与人文的园林，但他在新繁的任期实在太短，也许刚刚建成，还没有欣赏和经营一番，就匆匆离去。约 200 年后，新繁迎来了一位新县令，那就是王安石的父亲——王益。他在北宋天圣年间（公元1023-1032年）任职新繁县令。王益留下的资料不多，据可查资料，王益字损之，宋真宗祥符八年（公元1015年）进士，在南北各地做了几任州县官。官尚书都官员外郎，卒赠工部郎中，后以子贵追封楚国公，赠太师中书令。任职新繁县令期间，他整顿社会治安，减轻刑狱，济世安民，政声大显。他多次流连东湖，一个夏天，见东湖并蒂莲开，于是诗兴大发，作32句七言长诗《东湖瑞莲歌》，其中“我今取喻进德流，优哉祥莲出池沼。草莱泥滓俱弃捐，致君事业殊商皓。归作皋夔稷卨臣，同心一德翊华动”，表达了选贤任能，报效国家的情怀。其友梅挚，历任殿中侍御史、谏议大夫，以及多地知县、知府等职，后来成为龙图阁大学士。他清正廉洁，勤政爱民，长达30余年的仕途中，成绩卓著。王益常与之游乐唱和，其诗道：“火云烁尽天幕腥，水光弄碧凉无声；荷花千柄拂烟际，杰然秀干骈双英。”梅挚的《五瘴说》一文，告诫各级为官者一不能急征暴敛，播下奉上；二不能用刀笔陷人于罪，善恶不分，滥施刑罚；三不能晨昏醉宴，饱食终日，废弛王事；四不能搜刮钱财，装进自己腰包；五不能姬妾成群，沉湎于酒色。这几项为官之人不应犯的“瘴”，于现代社会来讲，都有着很强的现实意义。如今，他的《五瘴说》碑，还立于园林中。宋佾在北宋政和八年（公元1118年）的《新繁县卫公堂记》说湖边有文饶堂、楠柏等；政和年间，南充人雍少蒙为知县时，改文饶堂为卫公堂，并刻画李德裕像。北宋徽宗年间，邑人勾氏在东湖东南隅建盘溪园。南宋樊汝霖《新繁县三贤堂记》道，沈居中任新繁县令时，见卫公堂小，拆除卫公堂，在东湖南别建三贤堂，绘李德裕、王益、梅挚像。

元明两代，东湖年久失修，但遗址尚存。不知是冥冥之中的安排，还是一种巧合，明清之际的新繁学者费密，流寓江苏泰州，师孙奇逢，在诗歌、散文、经学、史学、医学、教育、哲学、书法等方面均有造诣，潜心著述，著书终身，与遂宁吕潜、达川唐甄合称为“清初蜀中三杰”。东湖在清代同治年间得以重建，其主持者，就是来自江苏泰州的程祥栋。他学识是否受到费密的影响，无法考证。但程祥栋到新繁来任职，重新建设了东湖，想必是受到了费密的影响吧。

自宋以来，前往东湖访贤的骚人墨客甚多，留下的文物颇为丰富，让新繁文脉大放异彩。宋有宋佾、樊汝霖，清有李调元、王懿荣、顾复初，近代有赵熙、林思进、吴虞等。清代诗僧含澈等从苏州沧浪亭500名贤图中摹写勒石于龙藏寺和东湖的两通李卫公遗像碑，至今完好地存于东湖内。一通刻有含澈题诗、顾复初书法的石碑，融石刻、诗歌、书画为一体，堪称珍品；另一通阴刻石碑完整无缺地保存了王益的《东湖瑞莲歌》和梅挚的《五瘴说》。

繁江书院　蔡振雄　摄于 2019 年

繁江书院　蔡振雄　摄于 2019 年

文脉相传 繁荣兴盛

新繁的文脉，经过了千年的传承与发展，到了 20 世纪初，出现了繁盛的局面。而繁盛的楬橥，是清末创建的繁江书院，以及在此培育和涌现了大量的人才，他们在中国近现代史上书写了浓墨的华章。

在成都现在的学校中，说到古老的官学，除了成都石室中学，恐怕就是新都二中了。学校的前身是繁江书院，于清乾隆二十九年（公元 1764 年），由新繁县令李峨创建。书院位于新繁镇正东街上，建校至今，一直保持公办（官办）学校的身份，办学几乎未曾间断。

书院是全县的最高学府，由知县聘请有真才实学而又德孚众望的在籍进士、举人担任山长。云南进士、曾任罗江县令的著名书法家和学者杨周冕，新繁进士、工诗文善书画的杨益豫，都曾任繁江书院山长，治校育人，深得人心。新繁县令李峨等人十分关心教育，均关心教育，积极筹资捐资，为繁江书院的建立与发展做出了重要贡献。

清朝末年，列强入侵，国运衰微，有识之士，已明科技兴邦之理，也认识到作为科举附庸的学校教育已失去它的应有功能和现实意义。要御外侮，

吴虞与叶松石　蔡振雄　摄于 2019 年

亟待改革图强，而教育制度已到了非改不可的地步。于是废除科举制度，兴办新式学堂成为一种潮流。清光绪三十一年（公元 1905 年），繁江书院改为了“新繁县高等小学堂”。清统治结束后不久，新繁县立高等小学堂改为了“新繁县模范小学堂”。1927 年改模范小学堂为“新繁县立第一小学”，又于 1929 年改建为新繁县立初中学校。新中国成立后，于 1960 年更名为四川省新繁中学校，1978 年定名为新都第二中学校，即新都二中。如今，繁江书院的古旧建筑虽早已不在，取而代之的是现代化的高楼与厅堂，但琅琅读书声仍然响亮。

在繁江书院的发展史上，不得不提到三位人物。

一位是吴六庄。他是这所学校的校长，据说他是吴虞的侄子，是一个“五四”新文化运动的热忱拥护者。他通过吴虞购回了许多进步书籍，替学校订了很多白话期刊，如北京的《每日评论》，上海的《星期评论》，成都的《星期日》，还有《新青年》《新潮》《少年中国》《少年世界》等。学生们可以很方便地自由借阅。

一位是叶松石。他是新繁龙桥乡青桥村人，民主进步人士。曾任新繁县立高等小学校校长，国民党四川省宣传部部长。提倡让教师阅读《新青年》《新

造就通才

如今的新都二中　蔡振雄　摄于2019年

潮》等进步杂志，给学生宣传新文化新思想，鼓励他们用白话作文。

一位是康汝，1938 年底走马上任的新繁县长，任职时间仅有一年多，却在新繁有口皆碑。他为官清正，疾恶如仇，深悉民间疾苦，体恤民情，禁烟戒赌，化民成俗，打击匪患，惩治豪强，宣传抗日，优待抗属。就连吴虞也曾赠送他“民从其化”的匾牌。他非常重视教育，为因军阀侵占而停办三年的新繁县立初级中学能够恢复，上下奔走，得以复办，并请吴虞为学校写了校歌。

繁江书院的校训是“讲求实学，造就通才”，言简意赅，含蕴精深。一个“实”字，一个“通”字，铸成了新繁人兴教育人的宝贵传统。无数学子，在这里圆了人生之梦、奋斗的青春之梦。繁江书院人才辈出，各领风骚：军旅作家哈华，无产阶级革命家刘弄潮等一大批作家、画家、书法家、大学教授、学者、高级工程师、文博专家等。在这些人当中，最有名气的还数一代文豪艾芜，当然，还应该包括与繁江书院有着千丝万缕关系的“蜀中名宿”吴虞，以及国际知名学者、当代中国神话学大师袁珂。他们三位，分别在文学、思想、神话等领域，取得了不凡的成绩，成为书写中国现当代史必须浓墨重彩的人物。他们有两个共同点，一是都直接或间接受到 20 世纪中国文化巨人鲁迅的影响，二是要么是新繁县曾经管辖之地的人，要么是地地道道的新繁镇人。

汤道耕（艾芜）

艾芜像

1931 年，一个文学青年流浪到了上海，与同乡沙汀一道，给鲁迅先生写信，请教文学创作的题材问题，并得到了鲁迅的帮助、鼓励与指导。这位青年终身从事文学创作，写出了众多的优秀文学作品，尤其是他的《南行记》，成为我国流浪文学的开拓者，在中国现代文学史上占有相当地位。

这位文学青年就是著名的文学家艾芜先生。艾芜（1904—1992 年），原名汤道耕，他的故乡——清流镇翠云村，曾隶属新繁县管辖，且距离新繁只有短短的 10 余公里。故乡的景致、风俗、方言等，带有鲜明的新繁特质。艾芜于 1919 年春天，以全县第五名的成绩考取了新繁县城的高等小学，也

艾芜故居 蔡振雄 摄于 2019 年

第五卷全 再版
新青年
上海 羣益書社印行
第四卷全 再版
新青年
上海 羣益書社印行
第三卷全（再版）
新青年
上海 羣益書社印行
第二卷全
新青年
上海 羣益書社
第一卷全（再版）
新青年
上海 羣益書社印行
每週評論
The Weekly Review
山東問題

《新青年》等进步杂志

就是繁江书院，在这里接受了人文启蒙，读了《新青年》《新潮》《少年中国》等进步杂志和书籍后豁然开朗，才有了此后的只身南行，深刻体验了底层社会生活，为文学创作打下了坚实的基础，成为中国现代文学史上最为重要的作家之一。

对中国文学稍有了解的人，就不会不知道艾芜。他 1925 年夏天步行到昆明，然后去了缅甸。1928 年下半年，他参加了刚刚成立的缅甸共产主义小组，1931 年春，被英国殖民当局驱逐出境，一路颠沛流离来到上海。作为一个具有文学史意义的作家，艾芜文学创作活动始于上海。1932 年春参加中国左翼作家联盟。他以自己的生存体验、人生思考和理想追求写下《南行记》，成为中国流浪文学的开拓者，《南国之夜》《漂泊杂记》《春天》等多部有影响的作品出版，在中国现代文学史上占有相当地位。

《南行记》是艾芜的代表作。可以说，艾芜是最早把中国西南边疆地区下层社会的风貌和异国人民在殖民统治下的生活，带进现代文学创作中来的作家之一，对于开拓新文学创作的领域做出了贡献。这是一部至真至情的作品，是一曲对卑微生命的赞歌。其艺术风格清新俊逸，如诗如画，浪漫而抒情，不仅以深沉隽永的精神力量和五光十色、栩栩如生的流浪者形象吸引读者，而且以朴实自然、瑰丽多姿的南国风光引人入胜。不仅如此，他的其他文学作品，体现了作家生活积累的丰厚、思想感情的高尚和艺术造诣的不凡，同

艾芜创作的文学作品

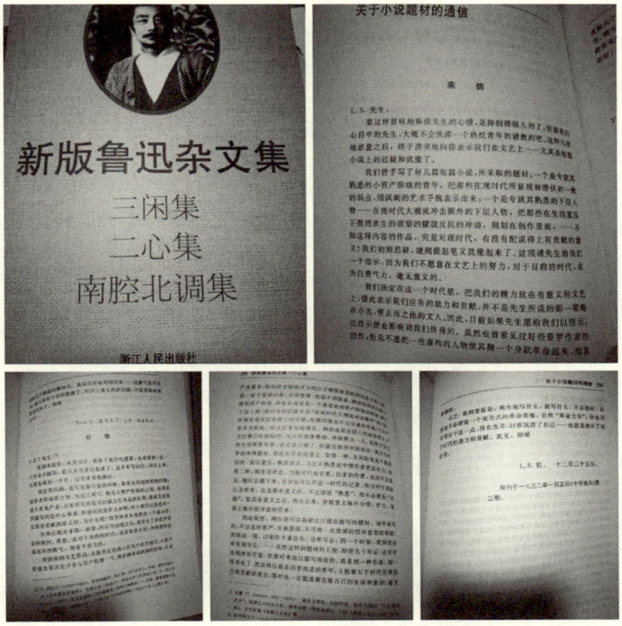

艾芜、沙汀与鲁迅先生的通信内容，收入鲁迅先生《二心集》

时，也体现了作家热爱生活、热爱人民的激情。无论是以南行为题材的作品，还是反映抗日战争、解放战争时期社会生活的作品，还是新中国成立之后表现工人生活的新创作，都无例外地贯穿着作家对生活的热爱，对祖国和人民命运的关注。艺术风格上，都一以贯之地保持着通晓流畅、鲜明的抒情风格和浪漫情调，追求生活中的美，努力创造一种向上的自然诗意。不难看出，艾芜作品的艺术风格，与家乡的自然环境、人文风俗是多么地一致，他就是家乡千年文脉熏陶下成长起来的。

作为“中国现代小说之父”的鲁迅，受到青年人的敬仰与学习。青年时的艾芜，也深深地崇敬鲁迅。他不仅阅读鲁迅的小说，也希望从鲁迅那里得到教导。1931 年，艾芜在上海与四川同乡沙汀不期而遇。当时他们都是默默无闻的文学青年，虽然有写作的热情与愿望，却都不能充当对方的老师，思来想去，决定给当时也在上海，且离沙汀住处不远的鲁迅先生写信求教。在当年的 11 月 29 日，两人联名写信给鲁迅，请教文学创作的题材问题。鲁迅正在病中，抱病于 12 月 25 日给他们写了回信。这次通信，收入鲁迅的《二

1985 年回到故乡的艾芜先生

心集》中。沙汀和艾芜在致《二心集》注释小组中曾提到这次通信对他们的影响：“对别人的作用和影响，难以作出估计。但我们敢说对我们二人的作用和影响是很大的，比如我们后来参加‘左联’，就是一个突出的例子。”艾芜收到鲁迅的回信以后，寄过几篇小说给鲁迅，得到了鲁迅的仔细指导。他的短篇小说《太原船上》，送去请鲁迅指导和修改，1932 年艾芜还抄了旧作《漂流曲》给鲁迅看。另外，在生活上鲁迅也给了他亲切的帮助与指导。鲁迅在对埃得加·斯诺的谈话中，曾把沙汀、艾芜和郭沫若、茅盾、丁玲等并列为“最优秀的左翼作家”。1936 年 10 月 19 日鲁迅逝世后，鉴于周扬、夏衍等不便露面，沙汀与艾芜作为“文委”代表，前去万国殡仪馆致哀。

不得不说，艾芜文学方面的成就，与鲁迅的指导、帮助分不开。是否也可以这样说，没有鲁迅的帮助指导，他不可能有这么大的成就。

吴虞（1872—1949年）原名姬传、永宽，字又陵，号黎明老人，四川新繁（现成都市新都区）龙桥乡人。现代著名思想家、教育家、诗人，现代中国的鸿儒，是新文化运动的代表人物之一。

五四前夕的新文化运动，以《新青年》杂志的创办为标志。《新青年》提出了两大口号，一曰民主，一曰科学，开展文学革命，反封建反侵略，传播马克思主义。1916年12月，吴虞将《家族制度为专制主义之根据论》一文，寄给陈独秀，向《新青年》投稿，并附上一封长信，表明自己的见解。陈独秀将他的文章刊登在1917年的《新青年》2卷6号上。吴虞对《新青年》能够发表自己的文章感到很荣幸。此后，他便在《新青年》上连续发表了《读荀子书后》《消极革命之老庄》《礼论》《儒家主张阶级制度之害》《儒家大同之义本于老子说》。1919年11月五四运动后，《新青年》6卷6号发表了吴虞的《吃人与礼教》，该文猛烈抨击腐朽学说，揭露“吃人的礼教”。据说吴虞先生写的这篇文章，就是看了鲁迅发表在《新青年》4卷5号上的《狂人日记》后，有感而发写成的。他批判儒学中的封建专制和家族制度，认为中国要得到真正的共和，就必须废除君主专制和家族制度，而封建社会伦理学说、社会组织上的家族制度、政治上的君主专制制度是联系在一起的，必须加以批判。他反对以礼为准则的等级观念。他的这些文章，言辞激烈，曾震动一时，对于一代青年追求个性自由和思想解放，对于全国和四川新文化运动的发展，都起到了显著的推动作用。他成为“五四”风云一时的人物，胡适称他为“中国思想界的清道夫”。

从吴虞的一生看，由一个受儒家影响的人，变成了封建社会儒家学说的批判者。早岁肄业于成都尊经学院，曾从清末民初著名学者吴之英学诗文，从经学大师廖平习经，深受儒家学说的影响。戊戌变法后，开始学习西方社会政治学说，著书立说，发出蜀中学人的声音，被称为“成都言新学之最先者”。1905年，赴日求学，入东京法政大学。1907年回国，任四川《醒群报》主笔，倡导新学，1912年与妻子曾兰合写的《今语有益于教育论》在《女界报》发表，竭力提倡使用今语，即白话文，并先后担任成都府中学堂、四川公立法政专门学校教习，曾在廖平主持的国学院教书，1917年应柳亚子之邀加入南社。辛亥革命后，兼《四川政治公报》主编，后著文反对袁世凯称帝。从1917年起，吴虞陆续在《新青年》上发表文章。1921年夏，受蔡元培、胡适之邀到北京大学任教，历时四年。在北京时，他同许多名流广泛交往，但他授课只重校勘注释，对思想学术的分析较少，不大受学生欢迎。1925年，吴虞回到成都。1926年，他被成都大学聘为教授，执教5年。1927年，蒋介石提倡“尊孔读经”，要求青年学生对国民党尽“忠”尽“孝”。成都一些趋炎附势的人，也动了起来。《新四川日刊》开辟了专栏，讨论“尊孔读经”、祀孔的“真理”之所在。面对这样的情势，吴虞于1928年5月发表了《对于祀孔问题之我见》的讲演，他在文中写道：“自上海《时事新报》王养冲之论文输入于九里三分之成都，于是熟读墨耕堂《四经精华》之徒，摇唇鼓舌，喧喧于牛市口以上；而《新四川日刊》独目营四海，眼光直出夔门，特辟一栏，以讨论究其真理之所在。不佞妄读之，目眩口呿，尚何敢妄发一言，以触‘准遗老’‘准遗少’之忌。然又有不能已于言者，故藉今日讲演聊述鄙意所在，正不必有当也。”1931年，他在四川大学任教。1933年，因遭到尊孔复古派的排斥打击，被迫辞职。解聘后的吴虞，赋闲在家，逐渐沉寂，礼佛日勤。尔后闭门不出，几近于隐士。在1937年和1944年，他曾自己花钱两次刊印他的《文录》，赠送给国内学人、大学图书馆、日本学者、英国剑桥大学，以及对他有过知遇之情、当时隐居江津的陈独秀，执着地宣扬他的学说主张。抗日战争爆发后，1939年至1941年，为躲避日军空袭，吴虞全家从成都疏散到故乡新繁城内居住，并将新繁宅第命名为“爱智庐”，在此讲学，接待来访之人。1949年，吴虞逝世。

吴虞文学创作丰富，不仅有大量的诗文问世，而且还写了一定数量的词和对联，并与当时的学界名流多有唱和，与龚自珍、马君武一起，被柳亚子称为“诗界革命军之三人”，其七言绝句、律诗曾名噪一时，大多抒写反封建礼教的内容，也有爱国主义情怀的阐释。吴虞晚年很关心时局变化，从他的《日记》里我们可以见到：抗日战争开始时，为中国军队收复丰台、卢沟桥等地而高兴；痛恨曾有交往的友人叛国投敌。1938年7月7日的《日记》写道“卢沟桥纪念，素食”。1941年，吴虞见报载皖南事变后，写下了《读廉颇蔺相如列传》的诗：“虎狼谁可敌，举国尽惶惶。赖有英雄使，能将正义张。孤身归赵璧，一气慑秦王。让颇尤堪贵，千秋姓字香。”该诗歌颂了中国共产党及其领导的新四军，反对国民党政府制造反共、分裂抗日力量的行为。有诗集《秋水集》出版。因此，他的创作和文学思想在当时学界也是颇有影响的。其诗文传扬海内外，陈独秀称他为“蜀中名宿”，誉为“瞻仰弗及”的“天外峨眉”。吴虞一生与吴之英、廖平、陈独秀、胡适、柳亚子、林山腴等人有交往。著有《吴虞文录》《吴虞文续录别录》，还编撰《国文撰录》《骈文读本》《宋元学案粹语》等书。而他1911—1947年所记的100多万字的日记，也已出版。

袁珂（1916—2001年）原名袁圣时，新繁人，1941年毕业于华西协合大学中文系。1946年后，在历任台湾省编译馆编辑、台湾省教育厅编审委员

袁珂文学作品

会编审时，开始系统地研究中国神话传说。1949 年初回到四川，一直从事文学及神话学的研究工作。1950 年，商务印书馆出版了他的第一部神话专著《中国古代神话》，由此奠定了他的学术声望。他是四川省社会科学院文学研究所研究员，中国神话学会主席，国际知名学者，当代中国神话大师。

袁珂先生原就读于四川大学，后转投华西协合大学，就教于鲁迅挚友许寿裳门下。袁珂成为许寿裳的弟子，还有一段佳话。据《成都百年百人》记载，抗战时期，与鲁迅有着 30 年挚交之谊的许寿裳，曾任华西协合大学中国文学系部聘教授，在 1940 年前后，来到了华西坝。开设了“中国传记研究”和“中国小说史”选修科目，也许这些科目有些冷僻，并非显学，选修的学生寥寥无几。常听“小说史”的学生只有五六人，选修“传记研究”的学生只有 3 人，而坚持听讲的学生只有 2 人，其中之一便是袁珂。

1940 年的某一日，许寿裳腋下夹着讲义，快速地踏上稚德堂那十八级台阶，一进教室，便脱口而出“诸位好！”待他定睛一看，只见偌大的教室里，却只有一位学生静静地坐在那里。那位学生也以伤感的眼神注视着老师。于是，许寿裳走下讲台，师生二人相对而坐，一堂传记研究的教学课没有丝毫耽误，直到下课铃声响起。

袁珂在遇见许寿裳之前，是一个顽劣的学生，当然，也是一个聪慧的人，否则，从小学到中学，没有认真听过课、记过一本完整的课堂笔记，“总是把学校当旅馆，课堂看成驿站”的人，又如何能够考取大学？但当袁珂遇上“精神尤佳，头发胡子虽是白了，脸上的颜色却红润而富有生气”“于慈祥和蔼中带着威严，可亲而不可犯”的许寿裳时，改变了他对于学校某些老先生的名士做派的讨厌，是许寿裳的“授古证今，指中例外，博奥渊雅，滔滔不绝”的精神风貌，让袁珂着迷。从此，袁珂忽然变成好学生了。

应该这样说，袁珂一生之中发表了共计 800 余万字的学术论文，成为我国神话研究的杰出专家，是与许寿裳的耳提面命分不开的。所以，在 1948 年的早春二月，许寿裳遇祸身亡时，袁珂“悲从中来，欲哭无泪”，提笔为恩师撰联一副以志哀悼：“希望寄前途，一代儒宗遽殒，应教盈眶倾予泪；典型留后世，三千桃李同悲，何来逆竖夺师魂！”

在随后长达半个世纪的学术研究中，袁珂克服重重困难，以惊人的毅力完成并出版了 20 多种神话研究著作，从而奠定了他在中国神话研究领域的重要地位，被称为当代中国神话学大师。有人评价他是“继鲁迅、茅盾之后中国神话界的又一位大师”。袁珂在学术上的贡献，概括起来有如下几个方面：

一是把神话传说当成学问来研究，是建立中国神话学的主力学者；二是对神话学资料的收集、整理、梳理、分析、研究、出版，以及普及神话学知识方面的工作和著述甚丰；三是他提出并论证了广义神话的概念，扩展了神话学研究的视野和领域；四是他长期鼓励、指导青年学者进行神话学研究，而且是客观的、科学的、无私的。

袁珂一生著有《中国神话传说》《古神话注释》《神话论文集》《中国民族神话词典》《中华文化集粹丛书·神异篇》《山海经校注》《中国神话通论》等20多部。其中《中国神话传说》是袁珂一生研究成果的集大成之作，其专业系统且又通俗易懂。作者对浩瀚的古文献资料，考辨真伪，订正讹误，加以排比综合，从盘古开天辟地叙述到秦始皇统一六国，把散落在群籍中的吉光片羽遴选出来，熔铸成一个庞大而有机的古神话体系，为读者呈现了一个包罗万象的瑰丽世界，生动地描述了古代人的社会生活图系。

袁珂在神话研究上的突出贡献，引起了国内外学术界的关注。1978年10月8日，茅盾在《人民日报》发表《重印〈中国神话研究ABC〉感赋》一诗，曰：“五十年前流亡日，文坛争论正喧阗。聊驱蚊蚋搜神话，不料专家出后贤。病眼迷离感慨多，椎轮大辂意如何。少年锐气今消歇，仰望专家阿弥陀。”这里两次出现的“专家”，即指袁珂。日本学者铃木健之在《古代研究》上曾发表《中国最近的神话研究》一文，重点评述袁珂的成果，他说：“袁珂一直致力于中国神话的研究，是该领域的领袖人物。”英国剑桥大学的白安尼在《中国神话入门》一书序中说：“毫无疑问，他（袁珂）是神话研究的开拓者，他对中国神话的研究，做出的艰苦工作和杰出贡献，已被当今汉学界的专家们所公认。”其著作在国外有多种译本，除中国外，美国、日本、新加坡等国还曾将其作品入选教科书，产生了广泛的国际影响。

天府文化　百年成都

Tianfu Culture, A Century-old Chengdu

Chengdu 100 Year
Small town

成都百年小镇

五凤镇

山水相依 南北相容

五凤溪蜿蜒曲折的石径上，仿佛能听到江边纤夫垂首躬背喊出的沱江号子，仿佛会看到哲学宗师贺麟少时站在家乡保和寨岗楼上沉思的身影。这里的码头栈道、山水石桥、民居庙堂，诉说着讲不完、道不尽的五凤故事。

溪傍五峰 凤之由来

五凤镇位于成都市金堂县，三面环山，东临沱江，由于地处沱江第一湾，五凤码头自古便是沱江第一要津。千帆竞渡、货物杂陈，商贾云集、人流如织，好一派热闹繁华的景象。发达便利的交通吸引了大量清代填川移民，移民与土著在此相互支撑、安居乐业；庙堂宫馆齐聚五凤，和谐包容；逶迤山水淳善古风，人文荟萃。

五凤镇原名五凤溪，始于汉、兴于唐宋。五代十国前蜀，五凤码头已是货物集散的重要码头，因溪流横穿五凤场镇设名横渠镇，宋更名柳溪镇，清康熙十四年（公元 1675 年）因山如凤形更名五凤镇，沿用至今。历史学家陈世松在《大变迁“湖广填四川”影响解读》中记载“民少土著，五方杂处……多外来入籍之人”，自清康熙以来，在那场著名的大规模西进移民运动中，一大批来自江西、福建、两湖、两广的移民迁入四川，五凤镇因发达的水运

五凤溪　金士廉　摄于 2015 年

交通，成为移民热衷的落业乐土。各省移民在此汇聚，与当地土著相互融合，繁衍生息，据当地碑文记载，五凤溪临沱江的王爷庙直到江西馆这条主街就是在三百年前逐渐形成的，其余的街巷格局则是在清末至民国二三十年间慢慢形成。

新中国成立前后无镇建制，属五凤乡管辖。1953 年五凤乡划出集市部分，设五凤镇，之后几十年间区乡镇几经拆分合并，直至 1992 年撤区建镇，恢复五凤镇至今。全镇辖金凤、玉凤、青凤、白凤、小凤、白岩、金箱七村及五凤溪和罗家坝两个社区，其东西分别与简阳、龙泉驿相连。沱江自北向南蜿蜒曲折穿过全镇，全长约 20 公里，江水将全镇行政区域分为东西两岸，唯白凤、小凤两村被江水隔于东岸，与其余村落隔江相望，以渡口互通往来。黄水河自南向北再转而由西向东直穿境内，最后汇入沱江，成渝铁路线凌空纵贯五凤南北，与黄水河呈十字交叉。

古镇为什么以“凤”为名，当然是因为与凤有着不解之缘。据《金堂县续志》载：“石城山自黑风寺以下，山极屈曲，由北而南而东，周转四五十里，一路尖峰拔列，瘦削逼人，遥望之若冲霄云凤，破空而出，其峰之尖且高者有五，前人名其溪曰五凤，殆由于此。”志书中所说的其峰高者有五，如果以铁路线与黄水河十字交叉作为方位坐标，五峰则为东北的金凤山、西北的小凤山和玉凤山、西南的白凤山和东南的青凤山，五峰环绕，皆有凤之神韵。黄水河随山势蜿蜒流淌，街巷则随水流一字排开首尾相接，北岸为白凤街、玉凤街、小凤街、金凤街，南岸则唯青凤街。从地图上看，古镇的五街布局像极了一只展翅欲飞的凤凰，黄水河与沱江交汇处形成的小三角洲像极了凤嘴，雄踞江边的王爷庙即是凤头上的凤冠，金凤街、玉凤街店铺林立，构成凤凰的身躯，小凤街与青凤街分属黄水河南北两岸，安凤桥将之巧妙连接，则若凤之双翼，白凤街拾级而上，房舍随山崖走势一直绵延至江西会馆，凤之尾翼自然天成。双翼舒展，尾翼微翘，古镇不正像一只栖息在沱江岸边展翅欲飞的美凤吗？除了地貌与凤有关，道台赐名、仙女留恋的故事传说更为古镇的得名平添了许多神秘而有趣的色彩。

道台赐名是个有趣的传说。当年的古镇是沱江上游的大码头，下江的糖、盐需运抵此岸再经小东路运往成都，成都的日用百货要在此上船经水路运往下游的川东，那时的货物周转大多依靠人力肩挑背扛，因此挑夫脚力的队伍特别庞大，白天他们挑着担子在古镇的栈道上排成一排，两脚生风犹如展翅之凤，晚上他们卸下担子在街边客栈歇脚小憩，仿如卧凤之躯，因此最早的时候，这里的地名叫“卧凤溪”。有一次，一位道台游沱江经过此地，发现此处山清水秀且热闹繁华，非常喜爱，忙问这是哪里，当听说这里是卧凤溪时，便说此地名不吉利，因为“卧”听起来像“饿”，于是这位道台登高凭眺，思索良久，念道“溪傍五峰，郁郁葱葱；神似企天，形若凤鸾；群凤齐鸣，满地金银”，好一个富贵吉祥的名字，从此，这里便叫五凤溪了。

另一个说法源于一个唯美的神话“仙女留恋”。相传玉帝的五个女儿听从吕洞宾等八仙人的指点来到古镇，因为贪恋此处人间美景及市井繁华，不愿再回天庭，玉帝见女儿多日未归，非常焦急，便派东海龙王的九个儿子前去寻找，九个儿子化为九条巨龙沿沱江源头顺流寻找，可由于滩险浪急，最后全部力竭而亡。玉帝寻女不得，五位仙女最终没有返回天庭，而是留在人间变成了五只美丽的凤凰栖息在小溪边，后又羽化为五座山岗，她们的羽毛化作参天大树，血液化作涓涓溪水，身体化作润泽沃土，古镇从此更加美丽，人们为了纪念这五位仙女，便将这里叫作“五凤溪”了。

和谐共容的庙堂宫馆

五凤镇便利的水路交通使南来北往的客商纷至沓来，特别是以清康熙雍正年间“湖广填四川”为代表的大规模移民迁入川蜀平原，聚集在这个山清水秀的江边小镇，在这片“山来水回、宝贵而财”的山水间，置地经商、安居乐业。各省移民带来源于他们祖籍的宗教文化，于是在古镇辖内各种庙、堂、宫、馆林立，《古镇五凤溪赋》中描写道：“关圣宫大刀显圣，南华宫遍地金银，王爷庙波涛滚滚，火神庙烟雾腾腾，江西馆紧临福音，观音堂尽出美人，五福楼闹姑儿满门。”尽显五凤溪特有的宗教文化场所共存一地的景象。拜菩萨关公、奉神仙耶稣，祀龙王、供财神、祭火神，土著移民，各司其教，和谐共容。不同的地域文化在这里相互碰撞与交汇，造就了独具特色的古镇风韵。

关圣宫建于清康熙年间，坐落于白凤街与金凤街相交之处，为陕西人修建，在古镇众多的会馆中保存最为完好。关圣宫坐北朝南，四合院式，方形布局，气势宏伟，庄严肃穆，北端正殿供奉关羽神位，南端中央为戏台。此馆有一特别之处，就在这座陕西会馆中，竟然还隐藏着另一座南派风格的会馆——禹王宫。禹王宫位于北端正殿的左侧，位置有些隐蔽，门比较小，看

关圣宫　金士廉　摄于 2015 年

起来就像是会馆内一个小的房间。但是，如果推门入内，便会惊叹门内竟然是如此的别有洞天，一座非常清丽典雅的建筑呈现在眼前，同样是四合院式，方形布局，相比于关圣宫的宏伟，禹王宫就显得如此的小巧别致。天井内有一大石缸，石缸周围摆满了植物，阳光斜射入天井，将屋顶的瓦片映照得闪闪发亮，而石缸边那些植物的枝叶也被阳光照得仿佛透明一般。这种馆中套馆的格局在中国建筑史上并不多见。关于两座会馆格局相套的来历，有着一段传奇的故事。

据说当年湖广人进入五凤之后，因思念故土专门建了一个会馆即禹王宫，但是由于财力不济，他们修的这座会馆很小。后来随着陕西、山西的移民大批迁入，经营有道的陕西商人逐渐做大了盐和白糖的生意，累积了大量财富。于是清康熙年间，陕西商人也想在当地建一座会馆，但却找不到合适的空地，唯有禹王宫周围还有一些土地。但如果在那里修建会馆，必然会把禹王宫围住，影响湖北商人的进出，陕西商人一时陷入了困境，湖北商会的会长听说此事后，主动找上门去，告诉陕西商人，大家同在外地经商，本就应该互相体谅，他们愿意让出土地。听完会长的这番话，陕西商人深受感动，同时也做出了一个决定，待修好陕西会馆后，大门的对联不用陕西会馆的对联，而用湖广会馆的对联。所以现在关圣宫门上的对联“神为万国九州主，人自三

禹王宫　林玲　摄于 2018 年

关圣宫戏台　吴顺益　摄于 2016 年

湘七泽来”其实是湖广会馆的对联。在湖北商人的包容下，一座气势恢宏的关圣宫拔地而起，禹王宫成了关圣宫内角落的一座偏殿。从此之后，两地商人同进同出，相互尊重各自的文化和信仰。逢年过节，大家聚在一起，既要祭拜湖北会馆供奉的大禹，也要祭拜陕西会馆供奉的关公。大家约定，古老的戏台上不唱秦腔汉剧，也不演黄梅湘剧，娱神娱己上演的都是五凤本地的川剧。包容并蓄的文化氛围让小镇变得更加和谐，也吸引了越来越多的人到这里来开设商号，成就了五凤商业重镇的地位。

南华宫　林玲　摄于 2018 年

南华宫精美壁画　吴顺益　摄于 2012 年

南华宫则为清雍正年间广东商人所建，坐落于古镇青凤街，与陕西会馆关圣宫隔溪相望。正殿祀奉南华老祖六祖惠能禅师，宫内飞檐斗拱，壁画浮雕古朴典雅。会馆建成后，广东商人发现关圣宫正门恰好正对南华宫大殿，在中国古代的传统观念里，这会影响南华宫的“风水”，但此时两处会馆都已建好，门楼、房屋都无法更改。此时陕西商人展现出了大度宽容的态度，主动提出了解决方案，重新修建通往庙门的石梯，改变庙门的方向，避开对冲到南华宫。重新修建的石梯，让陕西会馆的大门偏向了一旁，解决了广东商人担忧的问题。宽容让地，修石阶改格局的故事，成了当地的美谈。

王爷庙坐落于沱江和黄水河交汇的临江高地，建有戏台、正殿和配殿，祀奉龙王。五凤的王爷庙规模宏大远近闻名，民国年间五月初五的龙舟会，六月初六的龙王会，船帮都会请戏班子演出大戏，一般演出十天左右，最盛时曾演出三十几本大戏，时间持续了一个多月，轰动一时。王爷庙也是五凤一景，“古刹临江”说的正是此庙。王爷庙还为五凤的教育做出了贡献。据《金堂县续志》载，清光绪三十二年（1906 年），贺麟先生的父亲贺松云在王爷庙内创办了“五凤乡高小国民小学”，培养出贺麟、贺玉阶、贺守之、贺蕴章等高才栋梁。至今，五凤文风尚烈。

火神庙即三圣宫，坐落于金凤街中段，坐北朝南，前殿后庙，面积约 800 平方米，始建于清乾隆年间，距今有 200 多年的历史。据县志记载，五凤三圣宫本是湖广会馆，由于已有禹王宫，这里便奉祀川主李冰、土主冯绲、药王孙思邈，故称三圣宫。三圣宫除奉祀三圣外，还奉祀火神。旧时房屋多为木质结构，为防止火患，人们自然崇拜火神，故三圣宫又称火神庙。三圣宫所处地段为场镇的闹市中心，庙内行帮会社众多，各种庙会自然不少，火神会、药王会、城隍会、川主会、财神会、牛王会每年大多在此举行，再赶上戏班子出演大戏，整个码头桅杆林立，街道人流如织，很是热闹，民间有“火神庙烟雾沉沉”之说。

修建中的王爷庙　林玲　摄于 2018 年

江西馆坐落在白凤街街尾，又名万寿宫。是江西人在清雍正前后入川时集资修建的，馆内祀奉许真君。会馆占地2000多平方米，正门高大雄伟，两侧门亦高3米左右，俱为石柱石拱。民国时期这里曾是“五凤女子小学校”的校舍，入学者都是当地有钱人家的小姐，毕业后去简阳女中或成都女中读书。后男女合校，该校并入五凤溪小学校。当年大殿配殿厢房煞是气派，如今该建筑已不复存在，只有一座江西馆遗址的木牌立于原址旁。新中国成立前，西方传教士在江西馆旧址上建立了基督教福音堂，此后几经变迁，直至1991年，江西馆的产权才正式移交给金堂县基督教会。由于教堂日益破旧，遂进行了多次修缮，现在见到的这座哥特复兴式建筑风格的福音堂是2012年由金堂县政府和文旅集团在旧址上重建的。

几百年来古镇开放包容，自古沿袭的和谐古风，使得庙堂宫馆共林立，儒佛释道齐生辉，和谐共融的文化气质，滋养着这方水土。

五凤溪的交通与贸易

有诗云“三江汇聚赵家渡，飞流直下五凤溪”，滚滚沱江自北向南奔涌而下，行至王爷庙时，江水突然扭头向东，汹涌的江水此时变得平静起来，江面宽阔，水深且缓，形成了天然的优良船港——五凤码头。古镇内蜿蜒流淌的黄水河也恰在此处汇入沱江。在陆运交通十分落后的年代，沱江航运无疑是沱江流域民众的生命线，诗曰“蓉城下江小通衢，蜀中沱水大码头”，在沱江上游的赵镇、淮口、五凤三大码头中，由于地理位置和自然条件的优越，五凤码头占有十分重要的地位。内江的糖、自贡的盐等下游特产逆江而上运至五凤码头，再由挑夫走小东路经简阳、洛带、东大门送进成都府，成都的百货杂物又由挑夫转至这里，用船顺江而下运至泸州和重庆。发达的水运使古镇上船夫挑夫蚁涌，客旅商贾云集，客船、货船川流不息，百余艘船只停靠在码头，遮蔽了一半的江面，气势磅礴。民谣有云“五凤溪，一张帆，要装成都半城盐；五凤溪，一摇桨，要装成都半城糖”，正是当年五凤商贸发达、市井繁荣的真实写照。

滚滚沱江，滩险水急，行走于江湖的船工顶风沐雨，抢滩涉险，脚蹬手爬，养成了粗犷豪放的性格。当他们挥篙摇橹、拉纤抢滩的时候，劳动号子即是他们劳作的统一号令。《五凤古镇》一书写道：“打河号子”，气势磅礴，聚力凝神；“数板号子”，字沉句稳，步如千钧；“倒板号子”，急促有力，奋力血拼；“撸号子”，抢滩成功，舒缓轻松。船夫们垂首躬背，跟随铿锵有力的节奏，统一步调，向前进发。号子声声，粗犷雄浑，抒情绵婉，道出了船夫的辛酸与悲苦，唱出了胸中的豪放与柔情，在沱江流域上空荡气回肠，经久不息。

江西馆福音堂　冯白两道　摄于 2015 年

五凤纤夫　《华西都市报》　供图

五凤码头船多人众，繁杂的码头需要进退有序，忙而不乱，船帮应时而生。行有行矩，帮有帮规，船帮规范船家作业，调解船工纷争，码头虽然繁杂，可约定俗成的质朴帮规却能使大家依矩行事，偌大的码头，虽没有先进的指挥调度，却依然能够井然有序。在古镇米帮、盐帮、铁帮等八大行帮中，船帮是最大的行帮，他们在码头临江修筑了气势恢宏的龙王庙，每年的五月五、六月六都要举行盛大的龙王会庆典，船工们集结于此，焚烧纸钱，祭拜神灵，祈求平安。仪式结束后便是集体宴饮，粗犷豪放的船工自然是大碗喝酒大块吃肉，好不畅快淋漓。此时的船帮自成一统，由浸润着码头特色的传统习俗、帮规民约、行话隐语构成的五凤码头文化，在婉约灵动的山水间彰显着独特的豪放气质。

与黄水河十字交叉跨镇而过的成渝铁路是新中国成立后我国自行设计、自行施工，使用国产器材修筑的第一条铁路干线。成渝铁路西起成都，东至重庆，全长 500 多公里，于 1952 年 7 月 1 日正式通车。它的通车结束了四川没有铁路的历史，促进了四川省经济的交流与发展，更是在成都市经济发展史中发挥了极其重要的作用，实现了西南人民近半个世纪的铁路梦。

追溯历史，成渝铁路的建设可谓一波三折。最早提出修建成渝铁路是 1903 年四川总督锡良奏请清政府自修川汉铁路，目的是“辟利源而保主权”。提出此议后，英法两国先后四次照会清廷，对修筑川汉铁路提出强买要求。锡良以国内集股方式颁发《川汉铁路按租筹股详细章程》，将川汉铁路公司改为官商合办，派出胡栋朝、陆耀庭勘测川汉铁路。后因川汉铁路股款不清，官绅们群起反对，使川汉铁路改为商办。英、法、美、德四国强行阻挠粤汉、川汉铁路商办，强迫清政府将“筑路权”卖给了他们。此事激发民愤，川汉

成渝铁路通车

成渝线上呼啸而过的列车

铁路公司在成都成立四川保路同志会，著名的“保路运动”由此爆发。清政府一路镇压“保路运动”，该事件成为辛亥革命的导火索。民国时期，四川地方政府和国民党政府曾多次提出修建川汉铁路及其西端的成渝铁路，并成立成渝铁路工程局，聘请工程师进行初步勘测与设计。从 1937 年 6 月起成渝铁路开始断断续续施工，但是直到新中国成立四川解放前，只有少量土石方、桥梁及隧道完成，未铺一根枕木、一根钢轨，已完成的工程仅占预算工程总量的 34%，成了地图上标注的一条“虚线”。

新中国成立后，中央西南局做出的一项重大决策就是“以修建成渝铁路为先行，带动百业发展，帮助四川恢复经济”。随后成立重庆铁路工程局，后改为西南铁路工程局。1950 年 6 月 15 日，西南铁路工程局在西南军区大操场举行成渝铁路开工典礼。典礼上邓小平同志鼓励大家说：“我们进军西南，一开始就下定决心要把西南建设好，而建设西南首先要从交通建设抓起。今天开工修筑铁路，是在经济十分困难的条件下进行的。为把事情办好，我们调出一部分军队修路，同志们是开路先锋！”贺龙同志则亲手将绣有“开路先锋”的锦旗授予筑路大军。中国人民解放军西南军区司令部直属部队组成的军工筑路第一总队赶赴九龙坡、油溪工地，由此开启了修筑成渝铁路的序幕。

其时朝鲜战争爆发，承担成渝铁路修建任务的部队大部分调派去抗美援朝，四川省四个行政区紧急从各个城镇招募工人并广泛动员沿线农民参与筑路任务。当时条件十分艰苦，筑路者们就在沿线江边、山坡、沟壑或农户的羊圈、猪棚里歇息。由于机械设备的缺乏，工人们编竹筐、制扁担、架起火

铺设轨道

成都站通车典礼

炉打铁锹，靠着铁锤、钢钎、土炸药、扁担、竹筐等简陋工具，夜以继日地施工抢进度。“千方百计消灭工程上的缺点，排除万难克服施工中的困难”，据《成渝铁路工程总结》，乱石滩、五凤溪、黄鳝溪、唐明渡、闪将坳、盘街子等处的改线，有的缩短了线路，有的避免了水患，降低了施工难度，提高了设计质量。虽然每天劳动所得仅为两公斤大米补贴，但大家相互打气，将“人民自己的铁路自己修”的口号传遍整个工地。由于铺铁轨需要大量的枕木，沿途的农民们将自家的树砍了送来，也没有谁计较报酬。筑路期间长江遭遇了 30 年未见的枯水期，使筑路所需的钢坯搁浅在了湖北宜昌码头。为了完成运输任务，作为新中国第一代船长的莫家瑞带领着航运员工们在 600 多公里的川江河段航行，首开船舶夜航的先河，并将从宜昌到重庆的航行时间由 4 天缩短为 3 天。这一历史创举有力地支援了铁路的建设，为成渝铁路的顺利通车提供了保障。

在成渝铁路的整体建设中，党中央先后发动 3 万多解放军以及 10 万民工共同参与，军民齐心协力，克服重重困难，终于在 1952 年 6 月 13 日完成筑路任务，比计划工期提前了 3 个月，成都、重庆两地同时举行了隆重的通车典礼。党和国家领导人纷纷题词祝贺成渝铁路的建成，毛泽东同志题词：“庆贺成渝铁路通车，继续努力修筑天成路。”邓小平同志则在《新华日报》上为成渝铁路通车题词：“庆祝成渝铁路全线通车。”

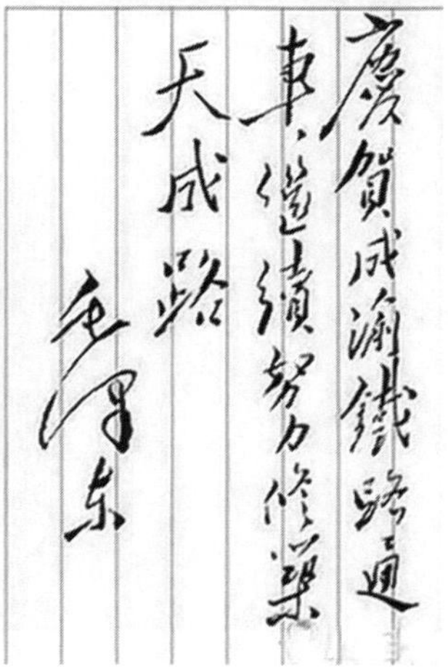

毛泽东题词

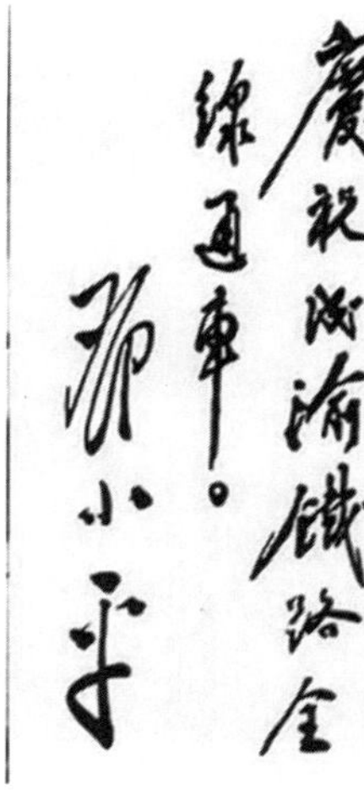

邓小平题词

成渝铁路的贯通带动了沿线经济的发展。20 世纪 90 年代以前，成渝铁路都是金堂境内唯一的一条跨境铁路，设有五凤溪、红花塘两座火车站，尤以五凤溪站的客货运输最为繁盛。五凤溪火车站位于现五凤镇罗家坝社区，属三条站线的五等小站。在半个世纪的岁月中，五凤溪火车站不辱使命，为金堂、中江以及周边邻近的龙泉、乐至、简阳的经济发展做出了重要的贡献。车站设立后，县内各部门纷纷在此建立企业、站所，如县国营企业金堂水泥厂、县集体企业金堂建材厂、县盐业公司、县煤建公司、县供销社轧花厂、省棉麻公司 202 仓库、农行分理处以及信用社车站门市部等。依托车站，建材厂的砂石被运往全国各地，因质量优良使建材厂业务量迅速发展，鼎盛时期全厂职工八百余人，成为那个时代唯一办有厂子弟校的县集体企业。其时中江县域内无铁路，在淮口、五凤溪车站设立了中江转运站，县内大宗物资的调进运出都依靠铁路运输和沱江水路完成，直到 20 世纪 80 年代中期才撤出。省棉麻公司 202 仓库承担着全省棉麻产品的仓储调拨，在那个时代棉麻是关乎国计民生、军工保障的重要物资，202 仓库的有序调动，有力地保障了民生军需。

那时五凤溪火车站的客运也热闹非凡，因邻近成都市区，来往客流量很大。全县及周边县市的人们办事经商、走亲访友都会到此乘车，有些一辈子

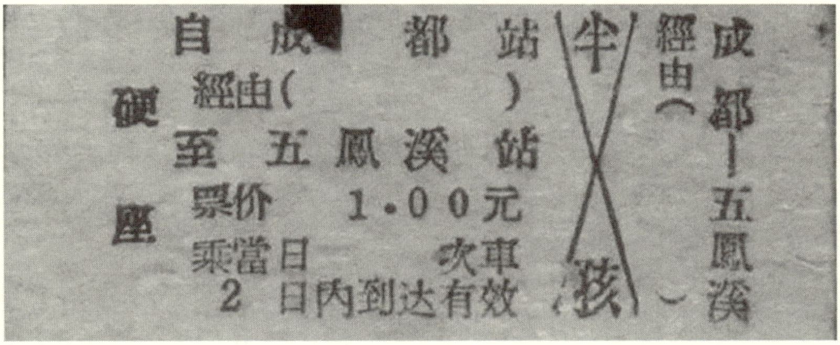

曾经的火车票

没出过远门、没见过火车的人还会专门到火车站来看看火车。停靠五凤溪火车站的客运车为523、525班次，当时被称为“支农车”，每天早晨从资阳开出，上行到成都北站；下午从成都出发，下行返回资阳。班车上永远都是那么拥挤和喧闹，人们除了办事访友外，很大一部分人是专门贩运蔬菜、水果、猪肉、活禽等农副产品，极大地丰富了省城的“菜篮子”。随着公路运输的日渐发达，2012年春运后，五凤溪站停止了客运业务。如今的车站，只办理货物列车的交会或待避等接发车业务。时代的快速发展，动车、高铁应运而生。五凤溪车站也完成了半个世纪的使命，渐渐褪去了铁路枢纽的光辉。

哲学宗师贺麟

贺氏家族在五凤溪的历史可追溯至清朝，其祖于清康熙雍正年间入川。在贺家的老宅挂有一块“锄经”二字的烫金木匾，此匾为1814年9月贺麟先生太祖父贺景升七十大寿时书写悬挂，至今已200余年。“锄经”，典出西汉倪宽“带经而锄”，取其“耕读”之意。贺氏一族谨遵“耕读传家，诗书继世”的祖训，家风严正，人才辈出。贺麟便是贺氏家族最杰出的代表，学者张绍诚为贺麟题词“山育林中凤，人尊世上麟”，便是对贺麟先生成就的肯定。贺麟的曾祖父贺道四为清道光贡生，祖父贺学从为咸丰朝监生，其父贺明真毕业于成都府师范学堂，曾任五凤溪团总，就职于县财政、教育部门，其女贺美英曾经是清华大学的党委书记，贺氏一门是名副其实的书香门第。贺家以诗书传家，兴书院，建义塾，先后兴办了凤仪书院、安凤义塾和五凤乡高小国民学校，培养了众多人才。贺氏以仁德为本，捐棺殓骨，赈灾济困，积德行善，义教子弟，传为世代佳话。民国时期，贺氏对早时的旧谱家训进行了编修，“爱国家，孝父母，端志趣，重教育，勤耕作……”虽内容有所增删，但其精髓并未改变，几百年来，贺氏优良的祖训家风浸润着贺家世代子孙。

贺麟出生于1902年，童年及少年时代都是在兵荒马乱的环境中度过，从1917年开始的军阀割据中，金堂历经军阀争夺地盘战乱的蹂躏。当时驻军总揽县政大权，横征暴敛。为征军费，驻军政府大开烟禁，强迫农民弃粮种鸦片，导致全县烟毒流行，人民深受其害。一时间县内盗匪蜂起，军阀为扩充势力，对土匪一向是招安委官，以至于官匪一家，为害百姓。即便如此，贺麟的父亲贺明真也秉持家训，认真对待贺麟读书求学一事。贺明真是晚清秀才，卒业于金堂县正精书院，曾经主持五凤乡和金堂县的教育事务，出任过金堂中学校长、县教育科长，属于金堂县的社会名流和地方士绅。居家期间，他时常教导年幼的贺麟诵读儒家经典，讲授《朱子语类》和《传习录》等儒家著作。8岁时，贺麟在家乡五凤溪杨柳村凤仪书院读书，不久到镇上的五凤小学接受儒学教育，此时贺麟已经能够领悟儒家思想一些深奥的道理，尤其是对宋明理学表现出极大的兴趣。

13岁时贺麟小学毕业，由于他身体不好，父母不放心让他独自去外地读书，就让贺麟继续在家乡小学学习。此时贺麟靠着自学读了很多古代经典，为以后的深造打下了坚实的基础。“耕读传家”“为人当有实学”的祖训家

贺麟先生故居　金士廉　摄于2015年

风以及父亲时常的勉励对贺麟的成长有着重要的影响。小小年纪的他便立下了远大的志向："一定要读世界上最好的书，以古人为友，领会世界上最好的思想。"1917 年贺麟以优异的成绩考入四川省立成都石室中学，在这里他特别喜欢阅读儒家经典，国文课成绩十分优秀，国文老师称他为"全校能把文章写通的两个人之一"。经过两年的中学学习，贺麟逐渐成长为一名胸怀远大、志向高远的青年学子。

18 岁那年，贺麟怀揣着对学术的执着追求和对美好生活的向往考入清华学堂，编入中等科二年级，开启了长达 7 年的正规现代高等教育。在此期间他深受知名国学大师的影响，第一位对他学术思想产生重大影响的学者是梁启超。贺麟听过梁启超开设的关于中国学术思想史的课程，接受了梁启超的学术思想，培养了对学术研究的浓厚兴趣。在梁启超的指导下，贺麟写了《戴震研究指南》一文，发表于《晨报》副刊，后于《清华周刊》上发表《博大精深的焦循》。这些学术实践为贺麟成为现代新儒学大师奠定了扎实的基础。此外，著名学者梁漱溟和吴宓都对贺麟学术思想产生过较大影响。1924 年梁漱溟应邀到清华学校做短期讲学，贺麟抓住机会几次拜访梁漱溟。1925 年清华学校聘请吴宓担任国学院主任、教授，吴宓为高年级学生开设选修课《翻译》，讲授翻译的技巧和原理，辅导翻译练习。贺麟、张荫麟、陈铨是所有学生中最认真的三位，后被称为"吴门三杰"。在吴宓的指导下，贺麟的翻译水平迅速提高，开始翻译英文诗歌和散文，阅读严复的译作。他十分推崇严复"信、达、雅"的翻译标准，撰写《论严复的翻译》一文发表在 1925 年 11 月的《东方杂志》上。由此，贺麟立志以吴宓先生为榜样，把介绍和传播西方古典哲学作为自己的终身事业。

1926 年，贺麟进入美国俄亥俄州的奥柏林大学哲学系三年级学习，在此期间学习了拉丁文、心理学、哲学史、宗教哲学、伦理学以及《圣经》等课程。在奥柏林大学的两年，贺麟最大的收获是接受了斯宾诺莎的"实体"学说，并由此跨进了德国古典哲学的大门。离开奥柏林大学后，贺麟转入芝加哥大学专攻黑格尔哲学，因不满于芝加哥大学课堂上空谈经验的实用主义学术风气，遂转入哈佛大学进一步学习德国古典哲学，在这里对贺麟影响较大的是怀特海和霍金。在哈佛大学获硕士学位后，贺麟转赴德国柏林大学专攻德国古典哲学，在此完成了学术生涯中具有里程碑意义的论文《朱熹与黑格尔太极说之比较观》，经过一年的学习，贺麟圆满完成了在柏林大学的学业。

结束了五年的欧美求学生涯，回国后贺麟任教于北京大学哲学系，并在清华大学兼课，讲授西方现代哲学、西方哲学史和黑格尔哲学。贺麟对西方哲学研究有很深的造诣，对黑格尔、斯宾诺莎、怀特海等西方近现代哲学家

清华大学求学时期的贺麟先生　贺麟故居　供图

贺麟先生故居　吴顺益　摄于 2013 年

都有深入的研究，被誉为“东方的黑格尔”。就中国哲学和儒家思想，他主张“心”是“最根本最重要”的，“将理学与心学打通并创造性发展了心学，更融合了中学和西学”，创立了与冯友兰“新理学”相对的“新心学”体系，成为现代“新儒家”的代表。

贺麟先生一生致力于打通中西文化关节，一方面将西方哲学东方化，一方面致力于中国哲学世界化，提出以“儒家思想为体，以西方文化为用”的观点，主张从哲学化、宗教化、艺术化三条途径出发，吸收西方思想文化的长处，来改造、补充和发挥儒家学说，以谋求“儒家思想的新开展”。

贺麟先生学贯中西，一生著作丰硕，代表作有《近代唯心主义简释》《文化与人生》《当代中国哲学》《现代西方哲学讲演集》，译著有黑格尔的《小逻辑》《精神现象学》《哲学史讲演录》，斯宾诺莎的《伦理学》等。其中译著《小逻辑》尤为重要，《悠悠家风铸乡魂》一书评价此书为“中国人接受和懂得科学的辩证法，领会和把握西方哲学的核心和要义，从而使中国人的哲学思维走上现代化的道路等，起到了难以估量的作用”。

贺麟先生治学严谨，品德高尚，一生致力于教育与学术，春风化雨桃李天下，在哲学界享有崇高的声望。1992 年 9 月 23 日，先生逝世，他的骨灰于 2004 年归葬五凤故里。杨柳沟畔的“贺麟故居”经过政府修缮，如今已成为五凤古镇的著名景点，那一块块金色的匾额，似乎仍在述说着“诗礼传家”的佳话，“心园”的精神当永远为我们后人所崇敬景仰。

天府文化　百年成都

Tianfu Culture, A Century-old Chengdu

Chengdu 100 Year
Small town

成都百年小镇

洛 带 镇

博览客家 诗话桃源

洛带镇是成都东山最具代表性的客家聚居地。在这里，客家人说着与成都话迥异的客家方言，各式会馆、一街七巷的格局及街道两旁古朴典雅的民居完整地保留了清乾隆时的原始风貌，独特的客家文化底蕴和悠久的历史根源使这座小镇散发着迷人的诗意风韵。

西迁入蜀 隐逸东山

洛带镇位于成都东侧龙泉山中段三峨山麓，行政区划隶属于成都市龙泉驿区，为客家文化的代表镇之一，镇上 85% 的居民是客家人。有关“洛带”的名称来历，一直以来众说纷纭，大致有以下几种说法。

一种说法是三国时期蜀国后主刘禅喜欢游山玩水，性情顽劣，一日来到成都东郊的洛带游玩，镇内有一口八角井，因见井内金色鲤鱼游来游去甚是有趣，便贪玩到井边捉鱼，不慎将腰间的玉带掉入井中，“落带”因此而得名，后因“落”字不吉改成了“洛带”。

第二种说法是环绕洛带镇有一条叫洛溪的小河，形状像一条带子，故而得名。国学大师王叔岷在其回忆录《慕庐忆往》中有这样的描述：“镇右一弯绿水，水名洛溪，形如带，故镇名洛带，俗名落带。”

第三种说法，据本地学者薛登、姚云书等人的考证，是与古代服饰用品“带钩”有关。“带钩”是束在腰间皮带上的钩，其质地多为金属和玉，原为北方少数民族服饰所用，后传入中原，类似于今天的皮带钩，古书中称之

洛带八角井　金士廉　摄于 2000 年

为师比、斯比、胥纰等。唐代颜师古在给《前汉书》“黄金胥纰”作注时，引用了三国魏张晏的原注解“张晏曰鲜卑郭洛带”，“郭”即“革”，张晏认为“黄金胥纰”即是鲜卑人皮带上用的金属钩，所以洛带在古代是指带金属扣的皮带。乾隆本《简州志》以及 1927 年版的《简阳县志》均说洛带“相传武侯洛带于此”，“洛带”，即相扣的条带。三国时期，蜀国丞相诸葛亮十分重视成都周边乡地的生产发展，以保障军需和民生，此时东山一带草场丰富，适合马匹养畜，皮革制作亦渐为当地产业。而依照成都以特产命名地名的情况来看，如生产草席的“籍田”，生产蜀锦的“锦里”，饲养军马的“养马”，把生产皮带之地命名为“洛带”也在情理之中。

洛带还有一个名字叫甄子场，从下街场口进入古镇，抬头即可看见镇门牌坊上流沙河先生题写的“甄子场”三个字。甄子场确切的始建年代已无考。“场”就是市集，客家人叫赶集为赶场。“甄子”是用来蒸饭的竹制或木制炊具，之所以取名为甄子场，是因为洛带地处川渝古商道，该道从成都东门牛市口出发，经保和场、西河场、洛带镇，翻过龙泉山，到达金堂五凤溪，顺沱江而下汇入川渝古商道龙泉驿官道，这条古道在过去主要是贩运货物，由于当时货物运输以人力肩挑为主，无论是进城还是出城，客商挑夫都要在洛带歇脚一晚，待第二日再行启程，因此当时洛带的餐饮和客栈生意十分兴隆，因要用大的甄子蒸饭接待来往客人，故取名为甄子场。民谣有云：“搬不完的五凤溪，扯不空的甄子场，填不满的牛市口。”正是再现了当时洛带作为商品集散地的繁华景象。

说到洛带，总离不开客家。客家是中国古代历史上南迁汉族移民中的一类，是中国最具移民文化特征、在世界分布范围最广且影响最深远的汉族民系之一。关于客家的起源，目前学术界主流的观点认为客家主体为来自中原的移民，是中国北方移居南方的汉人。按照客家学大师罗香林先生的说法，在形成客家民系前，客家先民为躲避战乱，曾先后经过了三次大规模的南迁。

第一次迁徙大约发生在西晋末期到隋唐。匈奴、鲜卑、羯、羌、氐五个

洛带上场口改造前　金士廉　摄于 2000 年

洛带下场口改造前　金士廉　摄于 2000 年

改造后　徐艺心　摄于 2017 年

改造后　徐艺心　摄于 2017 年

少数民族大部落趁西晋八王之乱国力衰弱之际，向南方汉族地区挺进，建立了数个非汉族政权，从西晋灭亡到北魏统治北方，一百二十多年的战乱入侵，中原大地烽烟四起。中原地区的士族及百姓纷纷携家带口逃离家园，抵达了江淮地区的广大区域。第二次南迁是在唐末及北宋时期，安史之乱及黄巢起义战乱给百姓带来巨大灾难，南迁的人群中远的由河南安徽等地渡江入赣，近的则是在第一次迁徙中至江淮及赣江流域的“流民”再一次舍弃家园，裹入到移民洪流中，南逃到了赣南、闽西南和粤东北的广袤山区中，此时客家语开始萌芽。第三次大规模南迁是南宋建立至元朝，由于金人的入侵，中原的汉人再次南逃，致使赣南一带人口爆满，客家先民在人流的推动下，开始向赣闽粤交界处的三江流域（赣江、汀江、梅江）迁徙，到此为止，客家先民在这个如同世外桃源的广阔山地里，与当地百越畲族居民杂处融合，互通婚姻，繁衍生息，日出而作，日落而息，过着平静安稳且闭塞隐居的生活。经过千年的演化，客家民系终于在这片土壤中落地生根，孕育成熟。

客家民系的形成时间学术界比较公认的看法是在南宋以后，而南迁的汉人也并不都是客家人，只有南迁至闽粤赣交界处说客家话的汉人才能算是客家人，闽粤赣交界处也因此被客家学界习惯称之为“客家大本营”。客家民系自南宋形成以后，又经历了两次大规模的迁徙，一次是东部沿海居民的内迁和回迁，即“迁海复界”，另一次是清康熙时期政府发动的那场波澜壮阔的移民运动“湖广填四川”。

明朝末年，战乱频仍，各路起义军、明军、清军混战厮杀，战乱使老百姓弃田逃亡，稼穑不生，加之瘟疫流行，使得昔日物产丰富、繁华富贵的天府之国，变成百里人烟俱灭、莽林丛生的荒芜之地，学者吴茂华在文章中说：“川人死于饥馑、瘟疫者倍于兵刃。”据专家考证，平定战乱后，顺治十八年（公元 1661 年）清朝第一次户籍清理，四川仅剩余八万人左右，而在明崇祯以前，蜀中人口是三百万以上。《四川通志》曾这样描述当时四川的悲惨景象：“蜀自汉唐以来，生齿颇繁，烟火相望，及明末兵燹之后，丁口稀若辰星。”自汉唐以来富庶繁华的四川在明末战乱后，人口已经比早晨的星星还要稀少。《成都府志》也曾有记载：“城郭鞠为荒莽，庐舍荡若丘墟；百里断炊烟，第闻青磷叫月；四郊枯茂草，唯看白骨崇山。”

面对这样凄凉的景象，四川湖广总督蔡毓荣、四川巡抚张德地等地方官员纷纷奏请康熙皇帝，希望清政府能出台一项移民政策，通过行政手段把人口密集省份的百姓迁往四川，以尽快恢复四川的生产和经济。这个建议得到了康熙的支持，在平定三藩之乱后，于康熙三十三年（公元 1694 年），朝廷正式颁布了《招民填川诏》，下令从湖南、湖北、广东、江西、福建、陕西等省向四川做大规模移民，为鼓励老百姓主动移民，朝廷颁布了一系列优惠政策，如分配土地、减免税赋、安排入籍、发放补助等，同时朝廷还将安排移民、接纳移民纳入官员考核，与他们的政绩和升迁挂钩。在一系列政策的引导下，轰轰烈烈的移民运动拉开了帷幕。这场旷世大移民一直持续到嘉庆初年，前后长达一百多年，有十几个省份卷入了这次移民潮，因外省入川移民以“湖广”籍为最多，故历史上习惯称此次移民事件为“湖广填四川”。

“湖广填四川”使大量的客家人跟随移民潮迁徙入蜀，迁入的客家人构成了四川客家人的主体，成都以洛带为中心的龙泉东山一带的客家人祖先即是源自于这次迁徙。由于入蜀时间较晚，蜀中最肥美平坦的土地已被先期到达的湖广等省移民圈占，历经迁徙，平和乐观的客家人选择了丘陵和山地，他们主要分布在成都平原近郊和沱江流域的丘陵山地及川北仪陇等边远县市。先后抵达四川的客家人及后裔约有250万，成都平原近郊的客家人大约有50万，集中在成都东面以洛带为中心的东山地区。远道迁徙而来的客家人从此在这里安定下来，经过十几代人的拓荒垦殖、繁衍生息，原本荒芜的土地再次充满了生机，出现了沃野良田、人丁兴旺的景象。洛带因其得天独厚的地理位置形成了附近乡场规模最大的市集，逢单赶场，热闹非凡，逐渐成为以客家人为中心的成都东山五场之首。

西迁到达成都平原的客家人一直偏居于龙泉山一带，过着日出而作日落而息的农耕生活，客家一词对于他们来说实在是太过遥远和陌生，一位洛带当地的客家老人说，他第一次听到客家一词大约是在1978年，他们村的一

热闹的集市　肖平《东山客家》　供图

第二十届世界客属恳亲大会现场　金士廉　摄于 2005 年

位大学生回家乡提起过这一新名词。在此之前，他们不知道自己是客家人的后裔，对自己为什么说这种和四川官话完全不同的方言也莫名其妙，更不了解自己民系的历史，只知道自己的祖先是来自于广东或江西，由于成都东山的广东籍客家人占大多数，因此其他省的移民便把凡是说这种奇怪方言的人无论是广东籍还是江西籍抑或是福建籍统统称为土广东，客家话也就称为土广东话了。当国内外客家人在各领域取得卓越成就时，我们的客家祖辈们却全然不知，仍然在这片土地上“晨兴理荒秽，带月荷锄归”，他们在封闭的圈子里，坚守着自己的语言和信仰文化，过着只属于自己的简单宁静的田园生活。进入 20 世纪 90 年代，随着客家学术研究的发展，四川的客家人受到越来越多的关注，2005 年“第二十届世界客属恳亲大会”在洛带镇召开，同宗同源的客家亲人终于在 300 年后相聚重逢。

洛带古镇与会馆文化

走进这座古镇，青石铺就的街道弯曲而悠长，两边的清澈溪水缓缓流过，青瓦白墙的店铺一间接着一间，木花窗格、飞檐陡脊，兽吻在金色的琉璃屋顶上跳舞，一街七巷的格局，周围人们奇怪的言语音调仿佛将人带到了与世隔绝的桃源深处。

由于洛带地处川渝古商道，是南方移民入川的主要通道，经过移民日夜勤劳的垦殖，洛带逐渐恢复了生机，呈现出沃野良田、客商云集、货物杂陈的繁盛景象，于是清乾隆时期洛带陆续兴建了湖广会馆、广东会馆和江西会馆。其中湖广会馆是由湖广籍移民出资主持修建，广东会馆和江西会馆则是粤赣籍移民的客家会馆。据考证，早在湖广人到达洛带前，还有陕西籍和山西籍的“秦晋人”在洛带修建的会馆秦晋宫，但已消失无存。随着时间的推移和城市的发展，位于成都城的会馆功能逐渐退化，或拆毁或破败，逐渐消失，唯有洛带湖广会馆、广东会馆和江西会馆这三座会馆得以完整保留，在漫长的岁月中一直安静地矗立在古镇青石街道的两旁。虽然历经沧桑，却依然宏伟端庄，华美清丽，让人意外，更让人惊喜。2000 年，基于城市统一规划，位于卧龙桥的川北会馆迁至洛带镇上街场口，自此川北会馆与广东会馆、江西会馆及湖广会馆四座会馆汇集于洛带，形成独特的会馆建筑群，洛带也因此成为享誉全国的“会馆之乡”。

广东会馆位于古镇上街，建于清乾隆十一年（公元 1746 年），坐西北望东南，寓意对故乡的无限思念，总建筑面积 3250 平方米，是洛带会馆中面积最大且最高的建筑。《威远县志》云：“察庙之大小，即知人民之盛衰。”由此可见，广东籍客家人在此移民聚居区相较其他省移民无论在人数还是势力上都具有较大优势。三殿二井是其主体建筑，三殿之间庑廊相继，构成院中前后两天井。前殿为单檐硬山式屋顶，正脊凌空横卧，琉璃绿瓦盖顶；后殿为重檐式建筑，下檐采用硬山式，上檐采用歇山式，黄色琉璃瓦盖顶，垂脊飞檐高翘，气势雄伟。同时在会馆的三殿外侧，还砌有风火山墙，如弓似月，曲线优美，错落有致。广东会馆又名南华宫，馆内供奉禅宗六祖惠能，也供奉岭南先贤粤王赵佗，其正殿取名粤王楼。殿内浑圆巨型木柱，十分庄重，从大门至三殿，柱上书写有近十副楹联。置身在这古老的建筑中，百年时光有如电影镜头在脑海中快速闪过，客家先祖们所有的艰辛、苦痛、悲壮、欣慰、自豪、惆怅和思念都浓缩在这楹联文字中了。

在此摘录楹联三副：

“庙堂经过劫灰年，宝相依然，重振曹溪钟鼓；华简俱成桑梓地，乡音无改，新增天府冠裳”。

“云水苍茫，异地久栖巴子国；乡关迢递，归舟欲上粤王台”。

“罗浮何处是，但逢明月问梅花；江汉几时清，且向新宫倾竹叶”。

江西会馆位于古镇中街偏下，与广东会馆同侧，建于清乾隆十八年（公元 1753 年），面积 2200 平方米。江西会馆与广东会馆虽然同是客家会馆，

气势恢宏的广东会馆　金士廉　摄于 1999 年

但由于原乡籍贯生活地域和环境的差异，造就了客家人不同的审美特质，从而形成了迥异的会馆建筑风格。江西会馆少了一分巍峨雄壮之势，却多了一分俊逸旷达之美，它更像大户人家的宅第，朗阔的殿堂，别致的院落，曲径通幽，闲适温馨。江西会馆背街而向，大门外有一处大的院坝，院坝顶端建有一座大的戏台，名为“万年台”，院坝和戏台是客家移民集会、游乐、看戏、祭祀的场所。馆内建筑空间相对狭小，共有两个天井、六个厢房、两个耳厅，最为独特的是位于中后殿之间的一个小戏台，构思独特，造型精巧，与大门

广东会馆后殿建筑：重檐歇山式　金士廉　摄于 2008 年

俊逸旷达的江西会馆　金士廉　摄于 2016 年

万年台　林玲　摄于 2017 年

外院坝的大戏台均处于会馆的中轴线上。江西会馆的脊饰十分精美，中、后殿的垂脊兽使用了龙的形象，小戏楼飞檐上的套兽，螭吻的形象非常生动，龙头口吞檐角，尾部高翘，背上插以宝剑。螭吻是传说中的龙之九子，龙头鱼身，好望好吞，鱼尾可喷水灭火，是古建筑脊兽最常用的兽形，为防止其逃跑，故背上插一剑，喻将其固定在屋脊上永镇火患。或许正因为此，江西会馆内供奉的神祇是许真君，螭吻背上所插之剑即是许逊宝剑，许逊之剑不仅能镇住螭吻，还能降妖除魔，江西人将其供奉神龛，唯愿此神保佑乡人子孙平安万代。

湖广会馆是湖北湖南籍移民兴建的会馆，早于广东会馆和江西会馆，建于清乾隆八年（公元 1743 年），面积 2480 平方米，位于古镇下街，与江西会馆隔街相望。湖广会馆也称“禹王宫”，馆内供奉大禹，过去两湖地区水患频繁，湖广移民欲借大禹王镇压水怪以保风调雨顺。据当地人讲，湖广会馆天井虽无下水道，但如遇大雨天，即使街上洪水漫涨，该馆也不会淌水漫延，或正因为大禹王的缘故吧。较之广东及江西会馆，湖广会馆则显得质朴大方。会馆仍以戏楼、大殿和厢房为主体建筑，一进大门则见一石砌照壁，照壁上有二龙戏珠和福字图案，照壁后是两侧的厢房，厢房之间是宽大的院落，院落的底端为大殿，大殿与照壁相对，整个建筑布局显得平铺规整，然而在会馆的左侧还另有一庭院，院内设有戏台，倒也不失清静雅致。

江西会馆别致的院落　金士廉　摄于 2008 年

湖广会馆 林玲 摄于 2017 年

关于移民会馆的功能，《威远县志》阐释道：“清初各省移民来填川者，暨本省遗民，互以乡谊连名建庙，祀以故地名神，以资会合者，称为会馆。”其功能主要是“迎麻神，聚嘉会，襄义举，笃乡情”，正所谓“缘结南来北往客，堂聚悲欢离合情”，洛带的会馆皆为同籍会馆，以乡情为联系纽带，不同于家族祠堂的血缘联系。会馆皆由资财雄厚之乡人捐资修建，并推选同乡中德高望重且精明能干之人担任会首，会首通过会馆组织召集乡人祭祀、聚会娱乐、资助乡友、调解纠纷等将同籍乡人紧紧地联系在一起，它就像一个温暖的大家庭，背井离乡的同乡移民可在此共叙浓浓之乡愁，共享创业之喜悦，在异乡的环境中彼此依存，其承载的乡谊襄助、恤幼悯孤、敦厚信义的传统美德依然为这片土地所崇尚赞咏。会馆作为古镇上的公共建筑，凝聚了民间匠人的心血和智慧，各殿内圆木撑弓镂雕，明间阑额彩绘，花鸟虫鱼、珍禽瑞兽、戏剧人物，精工雕刻，惟妙惟肖，它们或雄壮、或清丽、或质朴，在建筑审美上呈现出多姿多彩的风貌，在古镇中散发着迷人的悠远神韵。

时过境迁，如今的洛带会馆已经成为移民文化的物质遗存和聚落景观的代表，是移民城市重要的历史见证，洛带的会馆虽然并非客家人独有，但事实上的确因为客家人独特的聚居生活方式和习俗才使得这三座修建于清乾隆时期的精美会馆建筑得以完整保留。洛带能成为四川客家文化中心，并赢得“中国西部客家第一镇”的美誉，其会馆建筑群功不可没，它们是客家移民文化的重要物质载体，是客家人的精神家园。

中原雅音 客家方言

关于客家人的界定，一直是学界争论不休的问题，但无论怎样争论，客家话是界定客家人身份的重要标准这一点是毋庸置疑的。洛带镇的客家话作为客家族群凝聚的重要纽带，是洛带古镇客家文化的重要标志，是洛带人文魅力最重要的体现，是洛带客家精神得以传承和延续的重要载体。

洛带镇以及成都东山一带的客家话以前都被称为“土广东话”。20世纪80年代以前，客家一词还未被成都人所熟知，生活在成都平坝上的湖广人习惯称成都东山一带的客家人为“土广东”，称他们讲的话为“土广东话”，而东山的客家人也不知道“客家”的概念，只是从族谱中知道自己的祖先是从广东迁来，也就对这种称谓予以了默认。“土广东话”的交际范围十分有限，在成都东山的各个乡场市集，客家人热闹地用这种古奥的语言讨价还价，寒暄逗趣，沉浸在只属于他们自己的繁华世界里，可出了乡场，即便只是相隔几里，这种语言也如同外星语一样与成都当地语言完全无法沟通。

成都东山客家乡镇大约有26个，人口接近50万，其中洛带2.2万，人们说着相同的客家话，仅个别乡镇的客家话在声调上有细微的差别，如洛带镇的4声调值在龙潭寺会变为3声调值，绝大多数客家人都是双方言使用者，既能说客家话也能说成都话，客家话一般只是在家里和家人交流使用，出门在外时，客家人一般都使用成都话，但有时候也会看到一群熟络的客家老乡在外聚在一起用客家话摆龙门阵。

说到成都客家话，有一部经典的方言著作必须要说，这就是董同龢先生的《华阳凉水井客家方言记音》，董先生1936年毕业于清华大学中国文学系，是著名语言学家赵元任的助手。1946年他随研究院历史语言研究所对四川方言作第二次调查，董先生对家住华阳凉水井、现龙泉驿区十陵镇双林村的卢光泉进行了16个下午的访问录音，最后形成了这部传世的经典方言名作。董先生是第一个用现代语言学研究方法研究成都客家话的学者，此部著作也是第一部使用国际音标描写成都客家方言的著作，其准确的记音、翔实的语料和科学的研究方法为后辈学者的方言调查树立了典范。

董同龢先生的《华阳凉水井客家方言记音》不仅是一部经典的方言研究名著，最重要的是此部著作开启了成都客家神秘的桃源之门，此后更多的学者致力于东山客家的研究。正是由于学术研究的发展，洛带古镇空谷幽兰般的独特气质得以逐渐呈现在世人面前，在学术研究和改革开放双引擎的助推下，洛带焕发出蓬勃的生机。

20世纪80年代，又一批学者如崔荣昌、黄雪贞、兰玉英、郄远春等对四川及成都的客家话进行了深入的田野调查与解剖式研究。通过研究，专家们发现成都客家话保留了一批不同时代的古汉语词汇，特别是唐宋文学作品里的书面语词在客家话中仍然在使用，这些词汇未随汉语的变化而变化，原汁原味地保存至今。语音方面则保留了古汉语入声，声调有六个，声母21～24个不等，韵母50-55个不等，韵母仍然保留三个入声韵尾，如此复杂的声韵调组合，难怪人们会觉得客家话发音古拙，晦涩难懂。肖平在《东山客家》里谈道："有学者曾经用客家话朗读唐诗宋词，甚至更早的《诗经》，结果证明许多用现代汉语朗诵并不押韵的诗词，用客家话朗读时却朗朗上口，合辙押韵。""客家话的正式形成是从唐宋开始的""以唐宋汉语为基础，以百越族语为辅助"是目前学术界对于客家话较为主流的观点。

成都客家话除了保留有中古语音及词汇的特点外，独具特色的一批客家方言词汇与闽粤赣客家话保持了高度的一致性，证明了成都客家方言与大本营客家方言的嫡亲关系，但由于受各自区域方言的影响，沟通的程度不尽相同，据洛带巫氏家族巫士专介绍，他与福建宁化的宗亲可以交流。洛带的一位当地老人曾讲到，在2005年的世界客属恳亲大会上，广东梅县的客家话他们不能完全听懂，不过有些词汇发音和成都客家话高度一致是十分肯定的。

董同龢与老师赵元任合影
左起：吴宗济、赵元任、董同龢、丁声树、杨时逢

成都东山是四川客家方言保存最完整、面积最大的“客家方言岛”，千百年来的迁徙经历，为了使自己的族群不被同化，客家人对于自己的文化和母语有着强烈的保护意识，“宁卖祖宗田，不卖祖宗言”的祖训，以及封闭的地理环境和较为落后的经济状况，洛带客家人一直过着隐居式的生活，客家话则得以较完整地保存，这是祖先为客家后人留下的最珍贵的财产。

然而随着时代的变迁、社会的发展，族群观念正逐渐淡化，一批批年轻人外出工作，平时很难再使用母语，而新出生的小孩在学校接受的是普通话教育，几乎不会说母语。以笔者为例，我的父母经常用客家话交流，而我只有在回龙潭寺外婆家的时候，才会和家人说客家话，但已显得不那么顺畅和地道，说起来感觉有些拗口，有时候会忘记一些客家话词汇，只好用湖广话来代替。而我的女儿一点也不会说客家话，我曾试图教她学说一些，可她感觉发音很古怪，完全学不会。随着城乡一体化进程的加快和旅游经济的开发，客家人以前聚居的村落将不再封闭，与外部的交流打破了“方言岛”相对独立和封闭的状态，

目前政府部门、研究机构为保护和传承客家文化共同努力，洛带的客家小学已经建立，客家语言和客家山歌将作为教学内容贯穿到教学过程中，孩子们将重新拾起祖先为我们留下的弥足珍贵的中原雅音，客语方言岛这一“活在21世纪的活化石”一定会被保存下来。

崇文重教 祖训家风

三百年前，客家先祖以“鹤不发顶则难宏其声，蟹不脱壳则难大其腔，与其桑梓是恋，何若迁地以为良”的壮志雄心，翻山越岭，跋山涉水，历经旷世磨难，终于抵达传说中的天府之地，书写了客家人千里迁徙的伟大传奇。客家子嗣在虎患出没的西蜀荒凉之地，用勤劳的双手，拓荒垦殖，繁衍生息，经过十几代人的艰苦创业，形成了现在沃土良田、桃李芳菲、商贸繁盛的洛带客家聚居中心。如今漫步在古镇的青石路上，听着古朴典雅的乡音，那隐藏在墙角屋宇的历史痕迹和飘散在空气中的客家神韵，使人感受到千百年来支撑客家人颠沛流离、谋生安家、创业发展的精神力量，那就是从客家先祖一直延续下来的家风祖训：敬祖睦族、崇文重教、重德修身、耕读传家、忠孝仁义、重视亲情、严于教子。客家人虽大多居住在农村，是和土地打交道的地道农民，但他们却十分重视教育，清代客家人徐旭曾《丰湖杂记》有言“客人以耕读为本，家虽贫亦必令其子弟读书，鲜有不识字、不知稼穑者”，“呼

童早起勤耕稼，教子迟眠苦读书”，这种教育不仅限于识字读书，还非常注重品性修养，客家的家风祖训以族谱的方式得以世代传承。族谱是一个家族的荣光与历史，每部族谱都详细记录了本族的发源变迁、子嗣承续、重要人事、家规族约和班辈排行，它是客家人血脉与文化得以延续的基础。

巫氏家族是洛带当地有名的望族，洛带当地的顺口溜“巫半截，郑半边，刘惠安占中间”，“巫半截”即是指巫氏家族富及半个洛带镇。据《巫家族谱》记载，其入川始祖为巫锡伟，祖居广东长乐县，巫家三兄弟，巫锡伟是大哥，二弟巫锡俊，三弟巫锡佐。巫家本是读书仕宦人家，其父巫象嶷由于出海遭遇飓风，受到惊吓而疯癫，家道由是中落。为了寻求新的出路，巫锡伟把父母托付给三弟，跟随填川移民潮，带上妻儿踏上了迁徙入川的征程。

入川以后，一家人先是到达荣昌，后又辗转迁至永川王家坪，靠帮佣耕地以解决一家人的生计。此时的巫锡伟虽穷困潦倒，却不忘客家人“崇文重教，耕读传家”的祖训。族谱记载，巫锡伟“晓则贸易于外，晚则篝灯折获，以书课子，口讲指画，一室声琅琅，常达旦不寐”，白天忙于生计，晚上则教孩子们认字读书，生活虽然艰难，他却从来没有放弃对子女的教育和培养。巫锡伟远离家乡父母，常愧疚自己不能侍奉双亲尽承孝子之心，几年后通过做生意，家境逐渐宽裕，他便经常托人将钱带回故乡孝敬父母，在父母过世后，他专程回到老家，将父母的骨骸带回四川安葬。

巫锡伟于乾隆三十四年（公元 1769 年）去世，育有六子，二儿子巫作江十五岁到洛带投奔其二叔巫锡俊学习经商，由于天资聪颖，深谙经营之道，生意越做越大，越做越顺，《巫氏族谱》记载其“活计日广，财源日丰，镇之人无不推服景仰”。巫作江开有酱坊、酒厂，购置地产，积累了大量的财富，成为巫家家族的主要创始人，为巫氏家族的繁盛奠定了基础。巫作江于 1803 年去世，享年 74 岁，由于其在成都商界的影响力和对地方经济的杰出贡献，清政府在其死后诰赠为奉直大夫，特准许其按官职居室定制，家族于是修建了祖屋“巫氏大夫第”。巫作江的儿子巫一峰、巫丽峰继承了父亲的经商才能，尤其是巫丽峰，在商业上的成就远超其父亲，将家族事业推向了顶峰，也被清政府诰赠为奉直大夫，从四品官阶，级别比巫作江还高。

巫家向来乐善好施，巫作江经常资助家庭贫困或事业受阻之人，巫一峰性格淳厚，在嘉庆灾荒之年，倡议对灾民“设厂施米”，安定了民心，此外他还捐钱修路搭桥，造福乡里。巫丽峰则更具江湖侠义之气，锄强扶弱，好替人打抱不平。“耕读传家，忠孝仁义”的祖训家风滋养着巫氏家族的子孙，成就了巫氏家族的辉煌，“巫氏大夫第”至今仍坐落在洛带古镇，作为古镇

巫氏大夫第　林玲　摄于 2017 年

的历史景点被印制在旅游指南手册上。历经百年，虽然建筑外观早已褪去往昔的繁华，但其门前的匾额却仍然彰显着家族过去的荣光。

字辈排行是客家家族族谱的重要内容之一，巫氏家族的字辈排行至今未乱，其班辈排行口诀如下：

宏象锡作成，育学贤士盈，家兴元德盛，国治大宗荣，继祖光华永，多文奕代清，朝廷登俊秀，嗣发正昌明。

洛带“刘家龙”刘氏家族的班辈排行口诀：

仁德景清忠，万麟复再怀，本立士发成，昌盛兴隆贵，大学承先统，礼义登朝位，安国定天时，瑞云彩凤麒，汉室声家远。

洛带《萧氏族谱》班辈排行口诀：

应宗文斌云，耀光世泽新，齐梁增福寿，成衍锡祥祯，安富声名显，尊荣家道兴，诗书传万代，忠孝继千春。

这样的排行口诀，每个字都是经过先祖精心挑选和安排，我们可以感受到祖先的良苦用心，饱含了先祖对后世子孙的美好祝愿与无限希冀。

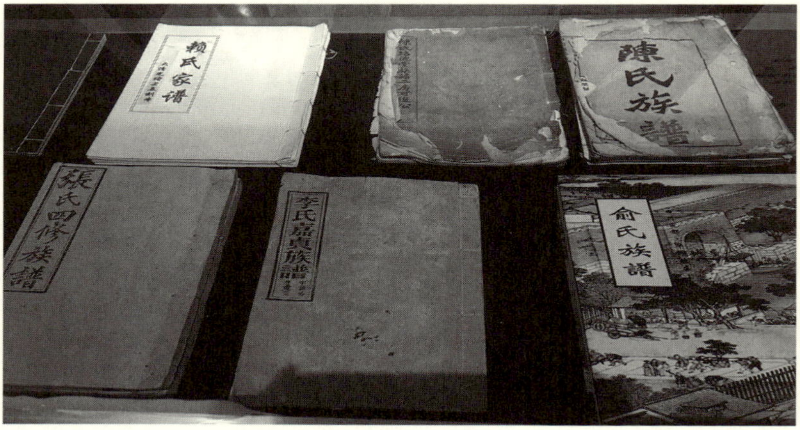

客家族谱　林玲　摄于 2017 年

除了班辈排行，族谱中的家规族约也表现出客家人修身齐家、忠孝仁义的价值观，洛带《谢氏族谱》家约八条：“尊敬祖宗、友好兄弟、慎结婚姻、崇尚伦理、尊崇圣道。”《黄氏族谱》家规十则：“一重诗书、二务本业、三尚伦理、四黜异端、五修内政、六严闺阃、七息争斗、八奉祖先、九择婚姻、十遵祖训。”

读到以上的族谱，客家子孙无不自豪，就像致力于客家文化研究的客籍学者肖平老师所说，有时你真的很难想象，偏居于乡野，躬耕于田亩，质朴勤劳的客家人怎么会有这样一个文质彬彬的内心。

客家人杰

“崇文重教、耕读传家”的客家精神，一脉相承、绵延不绝的洛带文风，历来繁盛昌明的书院气息，造就了洛带独特的气质，熏陶与培养出一代又一代的洛带风华人物。

在这些历史人物中有一位佼佼者，他就是国学大师王叔岷先生。先生于1914年出生，名邦浚，字叔岷，号慕庐，洛带镇下街人，当代著名历史语言学家、校雠名家。王家世居龙泉山西麓洛带镇，王叔岷父亲是晚清秀才，卒业于四川绅法班法政别科，曾任懋功县委员、四川高等法院书记官长，后任教于成都私立女子师范学校。父亲对王叔岷的教育十分重视，不仅亲授古籍与陶渊明、李白、杜甫诸家诗作，还重金购得明代古琴一张，邀请名师授课。王叔

王叔岷

岷自幼喜读《庄子》《史记》《陶渊明集》，对《庄子》偏爱有加。他 7 岁时入私塾读书，11 岁进入镇上高级小学，14 岁考入成都华阳中学，17 岁入联合中学即石室中学高中部，填表格时在“将来志愿”一栏填了四个字：不求闻达。受到训育主任、清末举人李飏生赏识。

1935 年，19 岁的王叔岷以第一名的成绩考入四川大学中文系。由于他潜心学习，每期考试皆名列第一，颇负文名。在川大时他选修了中研院史语所研究员、川大教授徐中舒先生的《金石甲骨文》一课，他的表现得到先生赞许。即将大学毕业时，徐中舒先生就鼓励王叔岷报考北京大学文科研究所，初审顺利通过。由于时局不稳导致笔试延误，王叔岷则应邀到长寿县的重庆联合高级中学任教，假期时回成都笔试，其后得到傅斯年的亲笔录取通知。北大文科研究所当时附入在中研院历史语言研究所，因此跟随历史语言研究所迁到了李庄。

1941 年秋，王叔岷离家赶赴李庄，报到当天见到傅斯年便呈上诗文请他指教。其细节在魏邦良《大师课徒》一书中有记载，傅斯年问他打算研究何书，王叔岷答：“《庄子》。”傅斯年严肃地说：“研究《庄子》当从校勘训诂入手，才切实。”接着，傅斯年翻阅王叔岷的诗文，补充一句：“要把才子气洗干净，三年之内不许发文章。”这句话如同当头棒喝，让王叔岷意识到在史语所只能坚守书斋、痛下功夫。几年下来，王叔岷遵循师训，以校勘训诂为基础，博览群书，广辑资料，终于探索到学术门径。1943 年，王叔岷硕士毕业后留史语所任助理研究员。1944 年 8 月，王叔岷完成了 20 余万字的《庄子校释》，得到傅斯年的赞许。

1948年冬天，王叔岷跟随中央研究院历史语言研究所迁到台湾，自此长期与父母、长子骨肉分离。其后王叔岷受聘于台湾大学中文系，讲授国文与校雠学。两年后王叔岷教授《庄子》，旁及诸子百家，并引汉魏六朝唐宋各大家诗作，引起一时轰动，慕名旁听者众多。从1961年开始，他先后在新加坡大学、马来西亚大学、新加坡南洋大学等任客座教授，1980年短暂出任新加坡大学中文系主任，并创办博士班。

王叔岷先生研究方向主要为先秦诸子、校雠学，尤精于校勘训诂，义理阐释，代表作有《庄子校诠》《史记斠证》《左传考校》等。2007年中华书局将先生著述整理汇编成《王叔岷著作集》出版发行，先生一生著述宏富，被誉为20世纪庄子字意训诂最权威的学者，人称“学术大家，学人楷模”。先生念故土，叶落归根，于2002年回到长子家中安度晚年，辞世后葬于洛带镇燃灯寺公墓。摘录先生小诗两首，以感先生悠悠之乡愁。

《思亲》
廿年离乱绝天伦，
菽水承欢愿未成，
垂老难忘慈母爱，
梦中犹听唤儿声。

《捣衣》
犹忆儿时常伴母，
莲花堰畔捣秋衣，
衣多篮重离家远，
助母携篮傍晚归。

另外一位影响较大的洛带客家人是天文学家刘子华。刘氏祖辈于清乾隆年间从湖北麻城中转迁入四川，最后落户在龙泉驿附近，以农为生。刘子华幼年时家境贫困，父亲靠着种菜卖菜维持一家的生计。为了减轻家里的负担，父亲将刘子华送到成都九龙巷一家编织衣服花边的商店里当学徒，希望他能有一技之长，长大了能够当织绸缎的机工，也算有一份工作养活自己。但是刘子华一心只想读书求学，他偷偷跑回家，母亲将他送到外婆家，外婆省吃俭用供他去私塾念书。后来又把刘子华送到姑父家，姑父是简阳中学的老师，刘子华在这里当了一名免交学费的旁听生，不仅可以学习各门学科，还可以接触一些英语，满足了他旺盛的求知欲。一年后刘子华被成都留法勤工俭学预备学校录取，他十分珍惜得来不易的学习机会，发奋读书，成绩优异，最后以全班第三名的成绩获得了学校资助去法国勤工俭学的旅费。

1919 年 9 月，刘子华与其他学生一起在上海等待着出发去往法国，一个多月后刘子华终于随着 162 人的队伍登上了法国邮轮“宝勒加”号，开始了他的法国之旅。与他同行的学生中还有后来成为中国革命领导人的邓小平、陈毅等人。到达法国后，他们一起等待着工作分配，幸运的是没多久就被安排到一个漆器厂做漆工。白天工作，晚上到夜校补习法语。不久刘子华考入医学院，白天要学习，他就晚上做工。刘子华求知若渴，随时留心周围广告、海报，只要一有名人讲演的通知，他就一定参加。他听过爱因斯坦讲相对论、波尔讲量子力学、伯格森讲生命突创论、罗曼·罗兰讲文学。

在一次讲座中，刘子华被“天体宇宙”内容吸引，对天文学产生了极大的兴趣，由此开始了他对天文学一生的追求与研究。他发现太阳系的各星体与八卦的卦位存在对应关系，于是潜心钻研，将中国的《易经》八卦原理应用于太阳系，创造出天文学研究的新理论——八卦宇宙论。经过反复运算和研究，第一个预测到距离太阳约 74 亿公里的第十颗行星的存在。后来他为这颗新推测的行星取名“木王星”，这颗经刘子华预测命名的“木王星”竟与法国天文学家琴斯的太阳演化论不谋而合。1940 年，刘子华写成《八卦宇宙论与现代天文——日月之胎时地位，一颗新行星的预测》一文，顺利通过论文答辩，获得巴黎大学博士学位，不久又被授予法国最高学位——国家博士学位。其研究在欧洲引起强烈反响，受到科学界的高度肯定。直到 2005 年 7 月 29 日，美国加州理工学院天文学教授迈克·布朗借助巨型天文望远镜才发现了第十颗行星，然而却比刘子华的预测整整晚了 65 年。

1945 年冬，刘子华谢绝了巴黎大学的挽留，告别生活了 26 年的法国，回到祖国的怀抱。新中国成立后，经由老同学李维汉的举荐，四川省人民政府任命刘子华为四川省参事室参事。1989 年他的博士论文中文版由四川科技出版社出版。晚年的刘子华仍然不忘科学研究，直到 1992 年辞世，葬于龙泉驿长松山。1998 年刘子华学术研究会成立，是对这位有着卓越贡献的科学家最好的铭记。

刘子华　洛带客家文化博物馆　供图

天府文化　百年成都

Tianfu Culture, A Century-old Chengdu

Chengdu 100 Year
Small town

成都百年小镇

安仁镇

安仁镇钟楼 于玉 摄于 2018 年

人文荟萃 公馆聚落

在成都众多的小镇中，安仁镇是一个特别的存在，这里有国家级文物保护单位刘氏庄园，有中国最大规模的民间博物馆，还有保存最完好的近代公馆群落。走在安仁的石板路上，仿佛置身于百年前的民国时代。

仁者安仁

安仁镇地处成都市大邑县东南，距成都市区约 40 公里，是川西平原上一颗灿烂的明珠。安仁镇历史悠久，可追溯至夏朝，那时的安仁镇为禹贡梁州之地，商周及战国时期安仁镇属古蜀国。秦兼并六国统一天下后，将天下分为三十六郡，安仁镇为蜀郡临邛县属地。西汉初期改蜀地为益州后，历经东汉、三国，直至隋朝，安仁镇基本上仍为益州临邛县属地。

安仁镇正式建制始于唐朝，唐高祖武德三年（公元 620 年）建安仁县，隶属于剑南道邛州，当时的县治就在今天的安仁镇，其建县历史比大邑县还要早 50 年。“安仁”一词源于《论语·里仁篇》：“仁者安仁，知者利仁。”据《太平寰宇记》记载，安仁镇“取仁者安仁之意”而得名。元朝至元二十一年（公元 1284 年）安仁县撤销建置，其区域划归大邑县。元明清时期，安仁镇几经兵燹，至民国初年仅有一条中心街，后经当地官绅兴建，1933 年安仁镇逐步发展为一个重要的商业场镇。

刘氏祖居　于玉　摄于 2018 年

安仁镇民风淳朴，百姓安居乐业。其地处川西平原，土地肥沃、气候温和、物产富饶，为先民的生存和繁衍提供了得天独厚的环境和物质条件。从秦汉到三国，由于这里人口密集，水陆交通便捷，经济文化发达，已经成为蜀郡重镇。宋代诗人文同在《安仁道中早行》一诗中写道："引马江头来晚时，好风无限满轻衣。寒蝉噪月成番起，野鸭惊沙作对飞。揭揭酒旗当岸立，翩翩渔舟隔湾归。此间好景皆新得，须信诗情不可违。"描绘出安仁镇秀丽的自然风光、深厚的人文底蕴。

安仁镇人文荟萃，是著名抗日将领刘湘、起义将领刘文辉等一大批民国时期军政要员的故乡；是中国唯一以文博立镇的博物馆小镇；也是中国第一个获得"中国文物保护示范小镇"称号的古镇，被世界专家评价为"旅游者了解近代中国人怎样生活的最佳去处"。如今的安仁镇已经形成三大区域，即刘氏庄园、建川博物馆聚落以及民国风情街。刘氏庄园为全国重点文物保护单位，其内公馆林立，保存有民国时期的老公馆 27 座，是目前中国规模最大的老公馆群落，被誉为"蜀中公馆王国"；建川博物馆聚落是一个集藏品展示、教育研究、艺术博览等功能于一体的博物馆综合体，它突破传统的博物馆概念，开创性地将20余座博物馆汇聚在一起，2009年安仁镇被中国博物馆学会授牌为国内首个“中国博物馆小镇”；民国风情街承载着画廊、书院、创意工坊，穿梭其间的游客和原住民们似乎都开启了一段民国时光之旅。

安仁镇面积不大，然而这个美丽祥和的小镇却见证了川西近代历史变迁，浓缩了成都的百年风云。安仁镇的一人一景、一花一木，都值得人们细细品读。

民国老公馆群落

川西平原的小镇上有几座民国时期的公馆是再正常不过的事，但只有安仁镇完好地保存着总面积超过十万平方米的公馆建筑，超越了六朝古都南京，成为迄今为止中国最大规模近代公馆建筑群落。据统计，安仁镇现存公馆27座，历史上曾多达56座，基本上是安仁镇刘氏家族重要成员的府邸。安仁镇本地居民习惯将修建较早的刘氏祖居、刘文彩公馆、刘文昭公馆、刘文成公馆那一片的建筑群称作“老公馆”，将修建较晚的刘文辉公馆称作“新公馆”。

刘氏祖居始建于清同治年间，是一座典型的川西农家院落。刘公赞与妻高氏在此经营田地和烧酒作坊，生养了刘文渊、刘文远、刘文昭、刘文成、刘文彩、刘文辉六兄弟。祖居正屋前为晒坝，整个建筑以传统的四合院沿东西轴线布局，为三进院落，有20余间房，显露出浓郁的川西民居风格。刘公赞与妻子的寝室、堂屋、佛堂、灶房等，都按原样保留着。刘家几位兄弟的公馆基本兴建于20世纪三四十年代，围绕祖屋呈不规则多边形布局。其中始建于20世纪20年代后期的刘文彩公馆是最大的公馆，公馆正门东北朝向，是一座不规则的封闭式和多院落组成的近代公馆建筑群，占地面积12306平方米，建筑面积6571平方米，共有27个天井，205间造型各异的房屋。1931年初具规模，后经刘文彩十多年的扩建和改建形成了现在的模样。

安仁镇老公馆群落之所以“久藏深闺无人识，一朝呈现天下惊”，除了建筑群的规模和完整性因素以外，更多的还在于它作为历史文化符号的独特艺术价值。20世纪初，随着西方文化逐渐东来，安仁镇建筑也受到西方建筑技法的影响，注重采光、防潮、隔热和功能的分布，摒弃了传统民居建筑大量使用木头的做法，改而采用青砖和石头；将川西传统的竹编夹篱墙做法改为实体墙砖，增强了隔音控温效果；建筑内部出现了起居室、厨房等明显的功能分区，形成互不干扰的空间格局，更适宜人的居住。不过，由于安仁镇公馆的大部分设计者和工匠来自本地，他们对西方建筑格局和技艺的认识有限，其接触往往仅限于国内部分西方建筑图片，所以这种西化影响并不彻底，

灰塑——刘文辉公馆大门一角 于玉 摄于 2018 年

季富政先生认为安仁镇的整个老公馆群落从“骨子里”还是中国传统的民居，西方元素更多的是一种“感觉”。如刘文辉公馆、刘元琥公馆等仍采用以堂屋为中心的轴线格局，讲求对称；刘文彩公馆在建筑细节上蕴含着众多的中国传统吉祥文化符号，比如象征着富贵的牡丹、长生的仙鹤、福禄的蝠和鹿、文武双全的兵书宝剑随处可见，小姐楼门楣上蝙蝠嘴里衔着无数的铜钱，雕塑生动逼真；刘元瑄的公馆内则使用青砖铺成各种传统图案，简约而明快。

安仁镇的公馆建筑中值得一提的还有“灰塑”。灰塑是一种源于岭南的传统建筑装饰工艺，其材料以石灰为主，作品依附于建筑墙壁上沿、屋脊等处。灰塑工艺传入四川以后，民间的能工巧匠将蜀地特色与西洋建筑装饰等艺术元素进行糅合，中西技法在灰塑作品中融会贯通，形成了独具一格的艺术风格。安仁镇公馆堪称民国时期四川灰塑艺术的集大成者，那一个个散发着鲜活生命力的“精灵们”停留在公馆建筑的门楼、屋脊、墙顶上，千姿百态、栩栩如生、生机盎然。如果说安仁镇的老公馆群落是一片蓊郁的森林，那么这些鲜活的灰塑就是那树上永不凋谢的花朵。作为安仁镇老建筑装饰的文化符号，它们绽放在岁月的流年里，默默地与这些老公馆建筑朝夕相处，风雨共存，为这些古老的建筑平添了一抹灵动的诗意。

与“老公馆”相对应的是修建时间较晚的“新公馆”，即刘文辉公馆和树人街上的数十座民国时期军政要员的府邸。

刘文辉公馆又称“双子公馆”，距“老公馆”300 米，始建于 1938 年，于 1942 年落成。整个公馆呈正方形，是一座中西合璧的近代庄园建筑，建筑风格与老公馆完全不同，老公馆壁垒森严而稍显封闭，新公馆则落落大方，布局规整、配置对称、主次分明，颇有大家风范。在安仁镇的众多公馆中，刘文辉公馆是规模最大的，占地面积达到了 24822 平方米，其中建筑面积 8406 平方米，总共有 160 个房间。

刘文辉公馆大门为尖顶，轻灵而富有动感的垂直线统领着整个门身，具有浓郁的西方哥特式建筑风格。大门正面顶端有虎、鹿造型，意味着“福禄”。正中精致的圆窗、精细的欧式构件成为墙面的装饰亮点，为建筑立面增添了不少艺术感。大门与前厅之间以一个大型花园作为过渡，花园中设置了一个网球场。公馆由德国设计师参与设计，因刘文辉的军人身份，公馆的设计既具有川西地方民俗风格，又有别于传统意义上的园林和院落形态，布局更为严谨，与西方的修道院和教堂建筑有些类似。整个公馆坐西向东，由南北两个独立三进院落组成，面积、结构均相同。大门和通往前厅的通道是西式风格，再往里又变为传统的川西民居建筑。刘文辉公馆还有一个独特之处，即

刘文辉公馆　于玉　摄于 2018 年

一座庄园有两个大门，这也是人们把它称为“双子公馆”的原因。为何如此，据传刘文辉曾有两位十分钟爱的姨太太，但这二人之间的关系势如水火，为使两人和平相处，在修建公馆时就设计成两个几乎完全相同的院落。不过这只是民间戏说，当不得真。

刘文辉公馆气势恢宏，1942 年公馆建成时刘文辉还专程赶回老家参加落成仪式，并亲笔题写了“沛远堂”“延辉堂”的牌匾，但事实上，这座公馆与刘文辉的一生并未有过十分紧密的联系。这豪华气派的公馆是刘文彩为刘文辉修建的，刘文辉一天也没有住过。对刘文辉来说，这座公馆只是他在刘氏家族中身份和地位的象征。新中国成立之后，刘文辉把这座公馆交给了国家。1988 年公馆南面的院落被重新整理出来，开办了川西民俗博物馆。

此外在东西走向的树人街上，还分布着数十座公馆，如陈月生公馆、刘体仁公馆、刘元瑄公馆、刘元琥公馆、杨孟高公馆、廖玉廷公馆等，这些公馆各具特色、门庭紧邻、次第相接地矗立在宽阔的石板路两旁。其中最洋气的当数陈月生公馆。

陈月生公馆位于树人街26号，始建于1945年，占地面积3875平方米，建筑面积1513平方米，房间约40间。公馆为三进院落，整体建筑采用清水砖墙，有前院、内宅院和后院。前院、后院各有一“公园”，前院种植各种花木，后院则用于闲聊品茗。前后院均采用传统民居建筑格局，门窗为中国传统建筑风格，但窗套、门套、窗台的立面处理西化程度较高。另外内宅院也融入了部分西方建筑元素，如充满装饰意味的罗马柱。回廊、过道、门窗皆由传统吉祥图案点缀，还有独具特色的花墙。公馆的主楼是一座独立的洋楼，左右两个房间正面向前伸出部分呈半圆形，这一风格在整个安仁镇公馆群落中显得标新立异。

公馆主人陈月生是安仁镇杨坝人，原任国民革命军24军136师军需处处长，“土改运动”初期离开安仁镇，后病逝于成都。在兴建陈月生公馆的过程中，就有一些与他有关的小插曲。据说当初陈月生准备将公馆修建为高层“小洋楼”，以显示自己“今非昔比”，这时有人善意地提醒他：“你在24军升官发财，楼房高于隔壁刘元瑄公馆的房屋，楼高压人，这恐怕不合适吧。”陈月生听后认为言之有理，立马将之前的高层小洋房改建为砖木结构、小青瓦屋面的二层房屋。

陈月生公馆还有一处与众不同。修建公馆时，为彰显主人威严，公馆正门都会比侧门更加雄伟，而陈月生公馆的侧门却比正门更加宽大，且门冠为圆弧，据说是为了方便陈月生停车，那时安仁镇的奢华与洋盘可见一斑。旧时，陈月生公馆芳草连天、落英缤纷，青砖与绿叶相映成趣，是军阀太太小姐们下午茶的首选之地。如今的陈月生公馆，白天是趣味横生的公馆博物馆，夜晚则是大型公馆沉浸式体验剧《今时今日是安仁》的演出场地。观者穿越时光，感受着旧时的传奇故事。

陈月生公馆　于玉　摄于2018年

Chengdu 100 Year Small town

刘氏家族

法国作家雨果曾说：“建筑是用石头写成的史书。”这些历史往往又与居于其中的人紧密相连。安仁镇老公馆群落就与清初从安徽移民入川的刘氏家族休戚相关。安仁镇在清康熙之前还被称为“胡墩子”，随着刘家的兴旺发达，逐渐变成了“刘墩子”。如果说刘氏家族前几代只是小富小贵，那么到第九代的刘文辉以及第十代的刘湘时，刘氏家族则开启了安仁镇的辉煌时代。这两位刘氏家族成员在民国时期的四川演绎了一场风云变幻，昔日的农庄也变成了熠熠生辉的刘氏庄园。

刘文辉，生于1895年，字自乾，在刘氏六兄弟中排行第六，是刘湘的小叔，俗称“刘幺爸”。他自小聪慧，幼年时在刘家祠堂读书，成绩优异，深受老师的喜爱。13岁时便考入成都陆军小学，开始了他的军旅生涯。后来被保送至西安陆军中学、北京陆军第一中学。1916年从保定陆军军官学校第二期炮科毕业。在侄儿刘湘的举荐下，追随川军第八师陈洪范，在陈洪范属下任上尉参谋，5年间刘文辉由上尉参谋升为营长、团长、旅长。1920年，刘文辉脱离刘湘的川军自立门户，攻占叙府，任川军第一混成旅旅长。

其后几年间四川各路军阀继续混战，此消彼长。到1927年时，四川军阀形成了两大对立派系，即以刘湘为首的“速成系”和以刘文辉为首的“保定系”。随着刘文辉势力的不断壮大，他与刘湘之间的关系也由合作转为对抗，两个派系之间的冲突与日俱增。1932年，民国时期四川最大一次也是最后一次军阀大混战——“二刘大战”爆发。战争从1932年冬持续到1933年夏，战火绵延数十县，民生凋敝，死伤无数。最终刘文辉全军瓦解，率残部退守西康。

随着抗日战争的全面爆发，出川抗战的刘湘死于汉口，蒋介石即令撤销第七战区司令长官部，任命其亲信张群为四川省主席，川康绥靖公署列裁除之名。面对蒋介石的咄咄攻势，刘文辉感到处境岌岌可危，他认为国内可与蒋介石抗衡的政治力量只有中国共产党。因此，他与中国共产党建立起秘密联系。西康置省后，蒋介石设行辕于西昌，派军统特务头子监视刘文辉，并加快了对四川实力派的分化瓦解。刘文辉坚决反对控制，使西康成为蒋介石难于插手的省份之一。1941年后刘文辉结识了许多进步人士，翌年在张志和的安排下与周恩来会面，他的思想逐渐转向进步。一直积极主张抗日的他，抗日反蒋的政治立场变得更加坚定。1944年，刘文辉成为中国民主同盟会成员。

1949年中国人民解放军发动渡江战役，一举攻占了南京，推翻了国民党的反动统治。杭州、武汉、上海等地相继解放，战争的重心逐步向西南转移。在此过程中，刘文辉暗中准备，积极配合，相机而动，他以西康省主席兼第二十四军军长名义和邓锡侯、潘文华联名向毛泽东、朱德发出起义通电，郑重声明“刘、邓、潘三部从即日起与国民党反动派断绝关系，竭诚服从中央人民政府和毛主席、朱总司令的领导”。1950年刘文辉所部国民革命军第二十四军与中国人民解放军第六十二军合并。刘文辉被委任为中华人民共和国中央政府西南军政委员会副主席，后又被任命为四川省政协副主席。他还是第一、二、三届全国人大代表，第四届全国人大常委，第一届全国政协委员，第二、三、四届全国政协常委，民革中央常委，民革四川省委第二届委员会主任委员。1959年，刘文辉调到北京任林业部部长。“文化大革命”爆发后，周恩来总理为保护其安全，将他转进解放军医院。1976年6月，刘文辉病逝于北京，享年82岁。

刘文辉一家

敌军一日不退出国

川军出川抗战标语　于玉　摄于2018年

纵观刘文辉的一生，从早期的军政生活，到中年时勤俭为政、倾囊兴教、开化民智、建设桑梓，到晚年逐渐回归平淡。随着思想的进步和政治立场的转变，他为国家的解放事业做出了应有的贡献。病逝之前，他在广播中对台湾讲话，歌颂祖国繁荣昌盛，希望台湾早回祖国怀抱。正如他在《走到人民阵营的历史道路》一书中写道："我从 1929 年 12 月开始反蒋起，到 1949 年 12 月彭县起义止，经历了整整 20 年。这漫长的岁月，是在反蒋和亲共的道路上度过的。我的反蒋本是统治集团内部的争夺，却因失败而倾向于亲共。我的亲共也是违反阶级利益，亦因时势推移由假变真而导致了起义。其所以能如此，党的领导是一个决定性的因素。正是由于党热情地争取我、团结我、教育我、支持我，使我逐步认识了真理，找到了正确的方向，取得了前进力量，然后才有可能背叛反动阶级，参加人民阵营，踏上新的光明的政治前途。从我过去长期的政治生活实践中深切地体验到党的伟大，党的统一战线政策的伟大。彭县起义，是我个人历史的一个转折点。自从西康和平解放后，我即把作为反动统治者所拥有的军队、政权、经济一起交还了人民。这是旧历史的终结。与此同时，我又以人民民主统一战线的成员之一参加了新的政治生活，从地方到中央都有我为人民服务的机会，这是新历史的开始。我相信在党的领导下，一个现代化的繁荣富强的新中国一定要到来。"

刘氏家族还有一个重要的成员，就是刘文辉的侄儿刘湘。刘湘，字甫澄，原名刘元勋，生于 1888 年，1938 年逝世。他可以说是刘氏家族发迹史上的第一人。幼年时就读于乡间私塾，1904 年考入大邑县立高等小学，1906 年考入陆军弁目队，1907 年考入四川陆军讲习所，随后升入四川陆军速成学堂。速成学堂毕业后被分配到建成不久的新军三十三混成协六十五标做见习官，由于表现良好，经队官呈准，被保送到四川陆军讲武堂深造。1911 年调任第十七镇六十八标一营前队排长，不久便被派往成都参与镇压保路同志军的作战。同年辛亥革命爆发，四川军事格局发生了极大的变化，刘湘取代杨森成为改编后的川军第一师第二营营长，驻守泸州。这是刘湘首次独立掌握一个营的武装力量，迈出了他军阀之路第一步。自此，刘湘凭借他的深谋远虑，小心谨慎，步步为营，不断向人生的高峰迈进。

为保存辛亥革命的胜利果实，争取民族国家的独立与民主以及反对袁世凯复辟封建专制，孙中山领导的"二次革命""护国运动"等大规模战争相继爆发。在 1913 到 1916 年间，刘湘审时度势，从营长到团长再到旅长，一路向前。1918 年四川靖国战争爆发。战争之初，刘湘是旧川军第一师的旅长，后又追随四川靖国军总司令熊克武，被委任为川军第一师师长。同年川军整编为七个师，刘湘改任第二师师长，管辖永川、荣昌等七县，设师部于合川。他一面吸收“速成系”同学担任参谋、旅长等要职，一面在合川开办军官传习所，进入了他“统一四川，问鼎中原”的快速发展期。其后熊克武任命他为四川第二军军长，他联合川军将领召开会议并制定四川省自治法，12月13日通电四川独立自治。很快北京政府便任命刘湘为重庆护军史并授勋。1921年刘湘等人又以“决以四川人自立自治”为名号通电全国，联合一、三军驱逐刘存厚，致其下野。同年7月2日刘湘正式就任川军总司令兼四川省省长。

随着刘湘与蒋介石矛盾的激化，他与中共建立了正式联系，加强与中共的交往，由反共转向联共。同时着手对四川的行政、军政和财政进行改革，使军阀与地方政府脱离关系，并将川军逐步整编为国家军。抗日战争爆发后，刘湘多次通电请缨，积极主张抗日，并率兵亲征，但不久便病逝于汉口。他在遗嘱中勉励川军将士“抗战到底，始终不渝，即敌军一日不退出国境，川军则一日誓不还乡”。郭沫若为其作挽联：“治蜀是韦皋以后一人，功高德懋，细谨不蠲，更觉良工心独苦；征倭出夔门而东千里，志决身歼，大星忽坠，长使英雄泪满襟。”算是为这位乱世将军的一生画上了圆满的句号。

刘氏家族除了刘文辉、刘湘以外，刘文彩可以说是刘氏家族的“第三号人物”。刘文彩，字星廷，1887年出生，是刘文辉的兄长。1921年刘文辉升任川军第一混成旅旅长，驻守宜宾，总揽叙府地区军、政、财及文教大权。为扩充兵力、完善军备，刘文辉先后委任刘文彩多项职务，如四川烟酒公司宜宾分局局长、叙南船捐局长、川南护商处长、川南禁烟查缉总处长、川南捐税总局总办、叙南清乡中将司令等。刘文彩在任时，从银号到商号、从信用放贷到变相高利贷、从办加工作坊到近代工业企业、从田赋预征到统税杂捐，都驾轻就熟。

由于刘文辉在“二刘”战争中败北，失去靠山的刘文彩只得回到安仁镇老家。1949年10月，刘文彩病死。

● 现代博物馆群

以前人们谈到安仁镇时，说得最多的就是显赫一时的刘氏家族以及刘氏庄园，而现在人们提及安仁镇，一定还会说起建川博物馆聚落。建川博物馆聚落位于安仁镇金桂街，占地30多万平方米，建筑面积近10万平方米，37座现代博物馆陈列着1000余万件藏品，其中国家一级文物404件，这让安仁镇成为国内唯一的“博物馆小镇”。

博物馆聚落入口处矗立着一位抗日战士举枪屹立在日军碉堡上的雕像。沿着道路向前便可看到博物馆的正门，锈迹斑驳的大门上铸着博物馆的宗旨——“为了和平，收藏战争；为了未来，收藏教训；为了安宁，收藏灾难；为了传承，收藏民俗”。博物馆聚落集中展示抗战、“红色文化”、地震和民俗四个主题。其中中流砥柱馆、正面战场馆、川军抗战馆、飞虎奇兵馆和不屈战俘馆于 2005 年 8 月 15 日，即抗日战争胜利六十周年之际开馆，是博物馆聚落最早建成并开放的五个馆。

中流砥柱馆由著名设计师邢同和先生设计，是一个橘红色的方形馆，展厅面积 2435 平方米，是博物馆聚落中规模最大的展馆。该馆位于主道路最前方，是游客参观的第一站。馆内收藏了大量的历史照片、资料、实物、文献，陈列着地道战、地雷战、青纱帐等场景的复原与实景景观。通过三个主题单元——“民族的脊梁”“敌后之岁月”“根据地建设”，生动展示出中国共产党及其领导下的军队、敌后民众十四年抗战的情况，突出反映了中国共产党代表全中国人民的意志，浴血奋战于抗战最前线，领导和推动了伟大的抗日战争的胜利，成为全民族团结抗战之中流砥柱的光辉历史。

中国壮士群雕广场　于玉　摄于 2018 年

红色年代瓷器展示　于玉　摄于 2018 年

正面战场馆由彭一刚先生设计，是一座素白色的方形建筑，建筑面积 1299 平方米，位于共产党抗日军队博物馆旁，取意国共合作抗击日军之意。该馆共三个单元，第一单元“抗战缘起”，简要介绍 1931 至 1937 年国民党政府从避战到抗战的这段历史，重点介绍国民党部分爱国将领的局部抗战；第二单元“正面战场”，以国民党军队在抗日战争中的二十二个重大战役为主要展示内容，真实地重现了中日军队对决场景；第三单元“空中御敌”，展现了当时空中战场的艰难残酷，以及我方空军敢于以小搏大、以弱战强的无畏精神。

川军抗战馆由徐尚志先生设计完成，展厅面积 2087 平方米，该馆主题分为“三百万川军出川抗战”“三百万壮丁奔赴前线”两大部分，突出表现三百万川军出川抗战、三百万壮丁奔赴前线的历史史实。尽管当时四川居于抗战后方，但仍然提供了如此巨大的人力资源前往前线浴血奋战，为十四年抗战做出了特殊贡献。川军抗战馆在外观设计上具有显著的川西建筑风格，其展示手段也突破了传统博物馆的设计，通过复原场景、沙盘模型、雕塑、绘画以及多媒体放映等多种艺术手段，给游客以强烈的视觉冲击和爱国主义精神启迪。

建川博物馆聚落　于玉　摄于 2018 年

飞虎奇兵馆是由曾任美国建筑师协会主席的切斯特·怀东先生设计完成，展厅面积 1382 平方米。展馆分为三个单元，第一单元“援华概述”，介绍了抗日战争期间美军援华的整体情况；第二单元“飞虎神兵”，展示陈纳德将军和他的飞虎队的传奇经历，内容包括飞虎队和陈纳德的简介、飞虎队的战斗、飞虎队的生活；第三单元“友谊长存”，展示中美两国人民特别是二战老兵举行的活动，纪念中美友好历史，见证中美友谊。飞虎奇兵馆还是我国唯一一个专门纪念抗战时期美国空军对华援助的博物馆。博物馆建成后，许多美国老兵来到安仁镇，走进飞虎奇兵馆，缅怀他们的青春岁月，并将他们的飞行服、奖章留给了博物馆。

不屈战俘馆则收藏了大量珍贵的历史照片和文物，展馆运用压抑的色彩以及厚重的材质，形象地展示了抗日将士的英勇不屈和悲惨遭遇，揭露了日军的虐俘罪行。这些为中华民族而奋起抗敌的战士们，他们惨遭俘虏，却仍坚持战斗、不怕牺牲，为抗日战争的胜利献出了宝贵的生命。

中流砥柱馆　成都市纪委供图

五个展馆建成以后，又陆续建成了日军侵华罪行馆、红军长征四川纪念馆以及三个广场，中国壮士群雕广场、抗战老兵手印广场和援华义士广场。

中国壮士群雕广场约 1 万平方米。广场雕塑以 1931 至 1945 年的中国抗日事件为背景，充分尊重抗日战争历史事实，创作了 200 多名抗日将士英雄群体形象。人物雕像按照抗日战争的战区战役关系分组，以军队军人列队站立形式排列，突出整体气势。所有壮士造像阵式放置在一个“V”字形下沉式凹槽空间环境中，这个“V”字形下沉式凹槽总长 81.5 米、宽 45 米，象征着 1945 年 8 月 15 日抗日战争胜利的时刻。凹槽侧壁各四段为红色花岗石影雕，展示抗战历史报刊照片，凹槽地面为中国各战区、战役示意图，有关抗战的文字数据以及一些地景装置。群雕广场建成以后，张震老将军亲笔题词“中国壮士”；群雕广场开馆仪式上，彭德怀侄女彭钢、周恩来侄女周秉德等 20 多位革命前辈的后代到场，并向博物馆捐赠了很多与英雄们相关的珍贵文物。

飞虎奇兵馆　于玉　摄于 2018 年

此外还有为纪念汶川大地震而建的“5·12 汶川大地震”博物馆。原展馆于 2008 年 6 月 12 日对外开放，展厅突破传统单元式陈列模式，以时间日记为展出大纲，以地震灾难、救援以及灾后重建为线索，通过上千幅照片、4 万多件地震及救援实物，真实地记录了汶川地震场景以及全体抗震救灾人员的泪与汗。新馆于 2009 年 5 月 11 日正式向游客开放，该馆由“鸟巢”中方总设计师李兴钢先生设计，建筑面积 6000 多平方米。馆内有大量的实物展示，例如救援时用的冲锋舟、降落伞、救援工具以及飞机残骸等。此外还展示了大量的现场照片。为了让参观者加深对地震的认识与感受，博物馆以汶川地震震级为参照，模拟了真实的地震现场，供参观者体验。

建川博物馆聚落能形成如今的规模，与一个人密切相关，他就是建川博物馆馆长樊建川先生。樊建川先生有着丰富的人生阅历，几十年来他的身份不停地变换。1976 年他是用上了吹笛、写字、拉琴十八般武艺才当上预备兵的小知青；三年后他又成了带着三等功从内蒙考进解放军西安政治学院的守备师熟兵；毕业后的他又成为重庆三医大的老师；1987 年他转业到宜宾地委政策研究室工作；四年后出任宜宾市常务副市长；1993年辞职下海，从打工到开公司，他又慢慢当上了房地产商人。2003年樊建川的公司已经在四川省房地产商中排前五，个人资产十几亿。此后，他在安仁镇建起了国内民间投资最多、建设规模最大、展览面积最宽、收藏内容最丰富的建川博物馆聚落，成了名副其实的“大馆奴”。从2005年第一批的五个抗战系列馆落成到今天，在安仁镇建成并开放了29所场馆，这些工作还在继续。

樊建川先生看待问题的角度独到巧妙，他尽量不带个人色彩去保留时代的原貌，让参观者自行感知、思考、评判。他认为“藏品的分布以讲故事的方式进行，不以编年为顺序……整个建筑群落试图营造出一个真实的场景，再现社会生态”，因此他偏爱民间叙事手法，多采用平民视角为博物馆布局。展览既讲述英雄的事迹，也涉及普通人的生活与生命，如胡慧珊同学纪念馆，这座仅19平方米的博物馆里陈列着这位在“5·12地震”中遇难的小女孩的衣服、文具以及她妈妈为她收藏的两颗乳牙。

流沙河先生为樊建川的口述著作《大馆奴：樊建川的记忆与梦想》作序时谈到：“看他办博物馆立志救市，为人太多，自为太少，很像庄子书中的尹文子。至于粗茶淡饭，布服素衣，日夜不休，以自苦为极，又很像墨子。而其生勤死薄，正是墨子的苦行啊。”流沙河先生认为樊建川承继了墨家精神的精髓，但樊建川认为自己本质上是军人，所以他不怕牺牲、敢于冲锋、有担当、尚荣誉、且没有财产。他签下遗嘱，在他百年后把耗尽半生财产和精力所建成的博物馆无偿捐献给国家。

天府文化　百年成都

Tianfu Culture, A Century-old Chengdu

Chengdu 100 Year
Small town

成都百年小镇

悦来镇

悦来正街　于玉　摄于 2018 年

英雄故里 薪火相传

悦来镇小巧而宁静，镇上有民国成都市市长冷寅东府邸冷公馆以及明代木结构建筑川王宫等特色风貌的建筑，还是著名的革命烈士车耀先的故乡，这一切都赋予了悦来镇独有的古朴庄严的气质。

近者悦 远者来

悦来镇地处成都平原西部，距成都市区约50公里。小镇面积59平方千米，东接晋原镇，南通王泗镇，西连鹤鸣乡，北邻金星乡，处于大邑县中部丘陵中心地带，镇内地貌丰富，高山、丘陵、平坝交错，斜江河贯穿其中。悦来镇是通往道教发源地鹤鸣山、佛教早期传播地雾中山、国家级风景区西岭雪山以及花水湾温泉度假区的交通要道。悦来镇物产丰茂，自古就有“客商来到灌口场，夏买水果冬买羊”的说法，十里八乡的人们都来此买卖货物。

悦来镇原名灌口镇，据《大邑县志》记载，悦来镇在明代时建于严家坝，明朝末年斜江河河水泛滥，场镇居民为避水患迁至今悦来镇所在区域，因一衣带水的鹤鸣山形似老鹳鸟，且镇上民居正对鸟嘴，故取名“鹳口场”；又因悦来镇周边森林密布，常有虎狼出没，方圆数十里的乡民们为了在此交换生活必需品、进行农副产品交易，便只能结伴赶场，因此该地又名“约来场”。清康熙年间，人们取“近者悦，远者来”之意，正式将悦来镇命名为“悦来场”。1935 年设鹤鸣镇，五年后改为鹤鸣乡，新中国成立之后鹤鸣乡划出斜江、临江两地再置灌口镇。其后，建制经过多次变更，1981 年正式将此地定名为悦来镇。1985 年，灌口镇并入悦来镇；1992 年，鹤鸣乡亦并入悦来镇；1995 年又复置鹤鸣乡。

悦来镇很小巧，只有四条街，悦来正街和河坝街是小镇古建筑的主要集中地。在长约一公里的悦来正街上，过往行人寥寥，建于清末民国时期的建筑古朴而庄严，街道两旁的民居木板门轻轻虚掩着，街边的小花静静地绽放，偶尔有三两只猫狗，或在路中央旁若无人地走着，或在街边慵懒地躺着，一切都显得安静而祥和。闲散时光，坐在街边喝一杯清茶，或看蝴蝶在花间飞舞，或听雨点从屋檐坠落，抑或是静静地发呆，这种如此自然和谐的小镇生活，散发出独特的、迷人的魅力。不仅如此，悦来镇还有“冷公馆”“川王宫”等特色建筑，亦是革命烈士车耀先的故乡，这位创办了“努力餐”的英雄，用自己宝贵的生命践行了“愿以我血献后土，换得神州永太平”的入党誓言，展现了对党和人民的无限忠诚。这便是悦来镇，古朴而宁静的川西小镇。

革命烈士车耀先

悦来镇镇口屹立着一座庄严威武的人物塑像，他便是革命烈士车耀先。但凡读过《红岩》这本书的人，对车耀先这个名字都不会陌生。他是国内战争和抗日战争时期著名的地下党员，是中国文字改革的倡导者和实践者，更是大义凛然、坚贞不屈的共产主义战士。

车耀先又名华荣，1894 年 9 月出生于灌口场一个小商贩家里。由于家道中落，12 岁的车耀先便辍学进入崇庆县的胡氏益盛荣商店当学徒。1911 年四川保路运动爆发，17 岁的车耀先加入保路同志会，保路同志军其后编入川军。凭着自己的勤奋英勇，车耀先一路晋升，直至担任川军刘湘部四师十团团长。1926 年底，川军刘湘部改编为国民革命军第 21 军，一批共产党员进入刘湘部队工作。车耀先开始接触到先进的马列主义理论，当时的他亲历军阀混战，目睹了国民党的腐败贪婪，身为国民党中高级军官的他愈发认清国

车耀先烈士塑像　于玉　摄于 2018 年

民党反动派脱离革命初衷的黑暗统治。于是，在国民党政府制造了残杀共产党人和革命群众的“三三一惨案”后，车耀先愤而离开川军，投身于无产阶级革命。

1929 年，车耀先光荣地加入了中国共产党，难以抑制内心激动之情的他写下了“投身元元无限中，方晓世界可大同，怒涛洗净千年迹，江山从此属万众……愿以我血献后土，换得神州永太平”的庄严誓词。入党后，他一直工作在革命的第一线，负责军运工作和抗日救亡运动，并领导开展了普及民众教育、语言文字改革等社会活动。

为掩护身份以及为党的地下工作提供秘密据点，车耀先在成都祠堂街牌坊巷口开了“新的面店”。1929 年“新的面店”迁至山桥南街并更名为“努力餐”。翌年“努力餐”又迁到祠堂街，也就是现在的金河路口。当时店里最有名的就是“革命饭”：每份用三四两米，内掺肉粒、鲜豆、嫩笋和碎芽菜，色香味俱全，实惠又好吃。无论是革命同志，还是普通的贫苦劳动者，车耀先都竭力为他们提供好的吃食，饭馆顾客盈门，座无虚席。在车耀先的努力下，“努力餐”成为抗日救亡人士的活动中心，洋溢着热烈的抗日救亡气氛，国内著名的抗日人士来到成都大都相会于此。1937 年，救国会“七君子”邹韬

1937 年 8 月 1 日，车耀先在群众集会上发表抗日救亡演讲

奋、沈钧儒、沙千里、史良、章乃器、王造时、李公朴出狱后来蓉，车耀先特设宴于“努力餐”，以表对七人的钦佩之情。1940 年，中华文艺界抗敌协会成都分会欢迎冯玉祥、老舍先生来蓉的活动也是在“努力餐”举行的。在“努力餐”，车耀先还见到了周恩来的夫人邓颖超以及陪同前来的沈钧儒先生。

抗战期间，车耀先与爱国青年们一起创办了《大声》《图存》等一批报刊，在报刊上积极宣传共产党抗日救亡思想以及党的统一战线政策，在当时具有较大的影响力。车耀先一边为《大声》筹集经费，一边负责报刊的编辑工作，亲自撰写社论、短评和时事评述。《大声》坚持宣传“对内和平，对外抗战”的主张，与国民党虚伪的“先安内而后攘外”的投降政策针锋相对，揭露了汉奸亲日派妄图挑起大规模内战，实现“以华灭华”的阴谋，一扫国民党反动派对共产党和红军的造谣诬蔑，让国民党统治区的广大群众了解共产党领导的人民革命运动的真实情况。与此同时，《大声》周刊社经常召开各种座谈会，邀请各界人士一同讨论时局，通过讨论使党的主张化为群众的主张。

从入党到 1940 年被国民党反动派秘密抓捕的十余年间，车耀先一直坚持隐蔽参加中共川西特委直属的特别小组工作，同中共川康特委书记罗世文

努力餐楼

保持单线联系，协助他在四川地方势力上层人物中开展工作，被誉为统一战线“线长”。作为统一战线的“线长”，车耀先曾在刘文辉和邓锡侯军中任职，利用与刘文辉的同乡关系进入二十四军发展党的组织，并在这些职务的掩护下进行着广泛的社会活动，积极联合各界进步人士广泛地开展党的统一战线工作。为巩固统一战线，抵制投降分裂势力，车耀先经常介绍一些进步学者、教师给四川地方上层人物分析国内外形势，帮助他们认清方向。他还参加策动了著名的“广汉暴动”，并积极接收“广汉兵变”发生后脱险的同志避难，竭力保护他们的安全，为革命同志解决吃住问题。九一八事变爆发后，他又积极投身抗日救亡运动，在“五九”国耻纪念日群众大会上，他发表演说怒斥蒋介石对外不抵抗的卖国投降政策；将成都各个社会团体中的知识分子团结起来，共同反对帝国主义。1936 年发起组织成立“成都抗战后援会”和“成都各界救国联合会”，自此全川各地的抗日救亡组织紧密地联系在一起统一行动；引导和培养了大批的革命青年，积极帮助他们克服一切困难去往革命圣地延安，在当时的进步青年中流传着一句话：“要想到延安，去找车耀先。”可以说，为了祖国与民族的兴亡，车耀先奉献了自己全部的青春乃至生命。

“努力餐”的抗日活动引起了国民党反动派的注意，车耀先更被视为眼中钉、肉中刺。国民党特务日夜窥探他的动向，1940 年 3 月国民党在成都制造了耸人听闻的“抢米事件”，在一个风雨交加的夜晚，车耀先秘密被捕，他和罗世文一起被关押在重庆军统望龙门监狱。在狱中，敌人为了打开缺口，破坏四川的党组织，便对车耀先软硬兼施，威逼利诱并许以高官厚禄，甚至表示只要车耀先发表一个声明，就让冯玉祥介绍他加入国民党并出任四川民政厅长，都被车耀先严词拒绝，并表示“宁死也不同意”。国民党特务无计可施，只得将车耀先和罗世文转移到贵州息烽监狱长期关押。六年的监狱生活，艰苦而漫长，但苦难并未磨灭共产党员坚贞不屈的意志，他们没有停止革命工作，车耀先和罗世文一起建立了狱中党支部，组织领导大家与敌人进行坚决的斗争，不为敌人的淫威所屈，不为敌人的花言巧语所动。

1946 年 8 月 18 日，车耀先被国民党反动派关押六年后，最终被杀害于重庆松林坡。他用自己宝贵的生命践行了“愿以我血献后土，换得神州永太平”的入党誓言，展现了他对党和人民的绝对忠诚。回顾车耀先先生的一生，历经艰难困苦却始终以国家民族大义为己任，将个人生死置之度外。

在狱中，车耀先给子女写下万言遗书，教育子女们堂堂正正做人：

出身贫苦，不可骄傲；创业艰难，不可奢华；努力不懈，不可安逸。能以“谦”“俭”“劳”三字为立身之本，而补余之不足；以“骄”“奢”“逸”三字为终身之戒，而为一个健全之国民。则余愿已足矣，夫复何恨哉？！

这是车耀先在国民党反动派的监狱中所写自传《先说几句》中给子女留下的遗训，教育子女要保持“谦”“俭”“劳”的高尚品格，戒骄、戒奢、戒逸，不求当大官、赚大钱，而要勤勤恳恳做人，为国为民服务。车耀先与儿女们在一起时经常说：“你们不单要读书，还要学会劳动。不然的话，读了初中右手断了，读了高中左手断了，读了大学就成了全身残废的人。”这段话一直让儿女们记忆犹新。

同时，他也为妻子写下了动情的小诗：

女儿对门居，相见不相语。美目盼盼兮，痴心惶惶矣。余欲诉私衷，情势所不许。咫尺隔天涯，将心比自己。不作窭子妻，愿作梦中侣。赖人长相思，寝食不能已。

这是车耀先在狱中回顾他与妻子相识、相知、相爱的过程写成的一首小诗。车耀先的妻子叫作黄三姑娘，他们相识于年少，几经辗转两人终于走到了一起。那时的女子大多有姓无名，但车耀先认为夫妻是平等的，于是替妻子取名为黄体先。黄三姑娘虽然没有多大的文化，不是共产党员，甚至也不知道自己的丈夫是共产党员，但这位淳朴贤惠的姑娘，一直默默地支持着丈夫，共同为党和国家而奔忙。

在军中，黄三姑娘是士兵们口中“好心的车娘娘”，她时常为小战士们缝补洗衣服，为伤员们熬药煎汤。“努力餐”开办以后，车耀先忙于统一战线的事务，实际上为餐楼操劳的仍然是妻子黄三姑娘。车耀先被国民党反动派秘密抓捕以后，黄三姑娘强忍着悲痛，继续经营“努力餐”，为党的地下工作提供根据地。经济崩溃时期，她义不容辞地为地下党储备各种物资，她也像丈夫一样支持着爱国进步青年们的各种活动。车耀先牺牲后，她独自将子女培养成人，更加难能可贵的是，在成都解放以后，她拒绝了国家按月发放的烈士家属抚恤金，并将车耀先创建的“努力餐”捐给了国家，自己却在小南街口支起小摊维持生计，她说：“感谢党和人民政府的关怀，我们一家人能自食其力。”黄三姑娘去世后，子女将她与车耀先的骨灰合葬于她的家乡崇庆县（崇州）。

1938 年 3 月车耀先和夫人黄体先以及儿女的合影

车耀先和妻子育有四女一子。在父亲的影响下，女儿崇英和毅英，十多岁就协助父亲开展地下工作，并在同学中宣传革命、发动同学参加革命。新中国成立之后，车家子女都走上了各自的工作岗位，他们谨记父亲的遗训，辛勤工作，为人低调。子女回忆起父亲时说：“我们有一位满怀革命理想和爱国豪情、无私无畏、坚贞不屈的好爸爸。他引导我们对革命的信仰，并给予我们无穷无尽的力量。”车崇英在一篇追忆父亲的文章中写道：“父亲……现在我们虽然都达到小康生活水平，但生活上仍然保持着艰苦朴素的作风；现在我们虽然都退休了，但仍然在为党和国家尽自己的绵薄之力……”车耀先的外孙在回忆外祖父的文章里这样说：“我们兄妹出生后，母亲分别以外祖父遗书中的谦、俭、勤（劳）三字，为我们取名为少谦、少俭、少勤，希望我们从小就注重塑造自己的人格，像外祖父所希望的那样，做个‘健全之国民’。”车家的后辈们也一直将“谦”“俭”“劳”作为自己的行为准则铭记于心。

车耀先既是一个无私奉献的革命者，也是一个有情有义、勤劳简朴、严于律己的人，正如他的外孙李少谦在《读外祖父车耀先的遗书》一文中所写的那样：

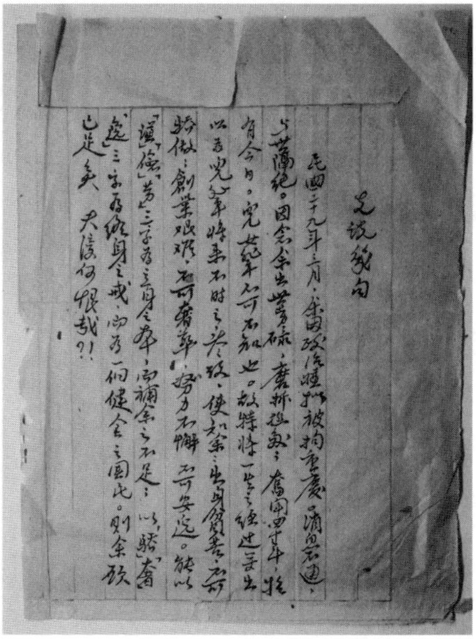
先说几句

民国二十九年三月，余因被诬陷被拘重庆，消息不通，与世隔绝。回念余出生寒微，备尝艰苦，奋斗四十年，始有今日。究其原因何在，殊不自知也。故特将一生之经过写出，以为儿女辈将来不时之参考，使知余出身贫寒，不可骄傲，创业艰难，不可奢华，努力不懈，不可安逸。能以“谦”“俭”“劳”三字为立身之本，而补余之不足；以“骄”“奢”“逸”三字为终身之戒，而为一个健全之国民，则余死亦足矣，夫复何恨哉？！

车耀先在狱中写下的自传序言《先说几句》手稿

“我们的外祖父，已经逝去半个世纪了，可是我依然觉得，他的生命在我们的身上延续。我一直都相信，这种延续，还会在我们的下一代身上继续。”

冷公馆与民国成都市市长冷寅东

沿着悦来正街往上街口方向走过一段长约 500 米的曲折小巷，就能看见一处矗立于瓦房和现代楼房之中的洋楼庭院——冷公馆。顺着 3 米高的青砖石墙前行十余米，便是公馆的入口。砖墙中部的雕花石拱门上描绘着精致的花鸟虫草，门额上工整有力地题写着繁体的“觉庐”二字。20 世纪二三十年代，是成都传统建筑转型期，同修建于该时期的其他公馆建筑一样，冷公馆整体融合了中西方建筑元素，呈现出独特的中西合璧的风貌。

走进公馆大门，四合院围着一个地势略低的庭院，庭院由青石板铺就而成，院落正前方有一幢圆形尖顶的两层高洋楼，层楼中央凸出的半圆形阳台由几根高大立柱支撑并连通到一楼。洋楼内房间功能划分明确，起居室、卧室、厨房、书房等一应俱全。洋楼外围圈着环形的瓶钵柱型栏杆，西式高格

冷公馆大门　于玉　摄于 2018 年

冷公馆内景　于玉　摄于 2018 年

亮窗上镶嵌着半圆花瓣形和长方形的彩色玻璃。左右两侧耸立着两座两三平方米大小、呈多边形的、好似“碉堡”一样的建筑，建筑顶端仙鹤仰天长鸣，远远望去仿佛是公馆的“眼睛”。站在二楼的弧形观景阳台上，安静祥和的悦来镇尽收眼底，青砖绿瓦、炊烟袅袅。

公馆楼里的窗户，木头玻璃相间的格子窗框都可轻易上下开合，而且几乎每个房间都有一个精巧的小壁炉。洋楼的两旁连通着木栏廊坊，外接公馆大门。庭院里十分安静，花坛里种着绿茵茵的青菜，晒筛就放置在笃凳上，有几只小鸟在院里一边觅食一边啾啾地叫着。这民国末期修建的“洋碉堡”的主人正是著名爱国民主人士、民国时期成都市市长冷寅东。

冷寅东，原名廷桂，字薰南，早年考入四川陆军小学第五期，辛亥革命时期他投入四川保路运动，后继续进入四川陆军军官学校第一期学习。军校毕业后，冷寅东在讨袁战役和护法战争中崭露头角，历任营长、团长。1925 年，冷寅东升任川军第八师第一混成旅旅长兼总指挥，对杨森部作战。战败后被时任军务帮办的刘文辉收编。由于与刘文辉是同乡，加之他们曾先后就读于四川陆军小学，因此冷寅东深得刘文辉的信任，很快就成为刘文辉的得力部将。1928 年秋，冷寅东被任命为川康边防副总指挥兼川康边防司令，并多次调解刘文辉与刘湘的矛盾，但一山不容二虎，“二刘”之间的矛盾始终无法调和。1932 年冬，“二刘”争霸战争爆发，冷寅东发通电自动离职，回到家乡悦来镇修建了冷公馆，退隐于此。1935 年，冷寅东出任四川省第六区行政督察专员公署专员兼保安司令部司令，兼任宜宾县县长。出身书香门第的冷寅东，深知教育的重要性，在他出任宜宾县县长的十年间，采取“保境息民”政策，兴办文化教育、救灾赈济、治匪肃毒、清除积弊、积极开展抗日救亡运动。

著名作家岳南在《那时的先生》一书中提到，1937 年“卢沟桥事变”爆发后，因战势趋紧，同济大学、中央研究院、北京大学文科研究所等机构辗转内迁至宜宾李庄。在史语所大批物资由昆明运抵李庄码头时，一个装有殷墟出土人头骨的箱子不慎摔裂，人头骨滚落出来，当地负责搬运的农夫哪里知道什么文物，大为惊骇。这些农夫虽不敢追问，但疑问始终盘桓于心头。于是李庄镇谣言四起，“研究院开黑店，吃人肉，还把骨头装在箱子里”，一时间人心惶惶。其间又有村民撞见同济大学医学院师生的人体解剖实验，遂谣言中同济大学也加入“吃人”的队伍。当地人与各内迁机构间关系日益紧张，时有冲突。为解除误会，稳定社会秩序，时任宜宾县县长的冷寅东来到李庄，召集乡镇驻军以及中央研究院、同济大学等各方面代表开会，决定采取多种措施，消灭谣言、消除隔阂。在冷寅东和傅斯年的共同努力下，各机构通过演讲、展览等活动，消除了民众的误解。自此，群众与各学术机构相处融洽，为师生们的学习、研究创造了安稳的条件。

1943 年，冷寅东调任四川省政府委员。直至新中国成立前夕，冷寅东临危受命，出任成都市市长。他认清革命形势，积极配合中共地下党员开展各项工作，暗中保护暴露了身份的共产党员，掩护他们秘密转移。他积极与地下党的同志们商议对策，动员市民全面开展群众自卫工作，特设“自卫总队部”，组织群众保护成都市政设施，配合成都起义，以积极热忱的姿态，迎接成都的解放。新中国成立后，冷寅东历任四川省人大代表、四川省政协常委、全国政协委员。

冷寅东所在的大邑冷氏一族，世代书香，人才辈出。据《悦来镇志》记载，清末明初冷氏从鄂北迁居大邑，1900 年举家搬迁到悦来镇。冷寅东和他的三哥冷曝东、五弟冷融被称为“冷氏三杰”。

冷曝东，又名暴东，字遇春。少时考入军医学堂，后加入同盟会。1917 年，冷曝东担任四川护国军南路招讨司令。九年后，冷曝东出任四川西川道道尹。抗日战争爆发以后，冷曝东被任命为中国国民党党部执行委员，西康省党部执行委员，川康区监察委员会行署委员。在西康的十余年间，他为西康省的建设发展做了许多事情，加上与刘文辉的同乡情谊，两人之间关系十分亲密。

1949 年 12 月，成都和平解放

冷融，字杰生，1913 年从四川茶务讲习所毕业，1921 年赴日本留学，考入明治大学政治经济科。三年后，冷融毕业回到成都。回国后的他清醒地认识到国家的落后、主权的丧失，皆源于国家与民众的贫弱不堪，要想实现国家从贫弱到富强，必须依靠教育。因此，他在家乡悦来镇牵头捐建了一所完全小学——大邑县立第三小学，后更名为鹤鸣小学。1928 年，他又在雾中山接王亭、龙泉乡、王泗以及新场等地创办了多所学校。冷融为人宽厚、平易近人，生活勤俭、布衣蔬食、粗茶淡饭，但在帮助学生接受教育这件事上却不遗余力，将自己每月薪资的结余全都用于资助贫困学生读书。1933 年，“二刘大战”中战败的刘文辉率二十四军退守西康，聘请冷融为二十四军驻南京代表，为西康建省奔走效力。为此，他四处寻觅并认真研读各种文件资料，不辞辛劳、多方奔走，通过张群等人多次向蒋介石说明情况，为西康省的最终设立立下了不小的功劳。1939 年西康省政府成立，冷融以极高的热情投入到新西康的建设中。他积极向刘文辉献计献策，要改变西康地区的落后面貌，就必须要肃清吏治，惩办腐败，重视教育，兴修水利，发展农业和工商业，尤其要搞好与藏族、彝族等少数民族的关系。冷融对西康烟毒愤恨不已，他反复阅读林则徐《使粤奏稿》中关于焚毁英国人鸦片的篇章，感叹道：“谋国之忠，任事之勇，则徐实属罕见！”作为西康省民政厅厅长的他，坚定禁绝烟毒，撤掉违法贩运鸦片的县长职务。冷融全心全意为西康省谋发展，他力主抗战，仗义执言，得罪了西康许多军政人员；他严禁种植鸦片，危及了部分人的利益，不法分子蠢蠢欲动，想要除掉他这个“眼中钉”。在冷融结束重庆中央训练团的训练返回成都时，在温江公平场口被暗杀。冷融遇害后，一些别有用心的人想尽快安葬了事，采用种种卑劣的手段阻碍真相的调查。冷融的妻子、著名学者黄稚荃强掩悲痛，立申正义，要求当局严查缉凶，并写下挽联“取义成仁，正气长昭君不朽；简贤依德，余生荼苦我应甘”以表追思。虽然此事最后仍旧不了了之，但冷融先生“志行忠诚，才识优裕”的品格与精神，确令后人敬佩。

川主宫

走在青石板铺就的悦来正街上，远远地便望见三棵郁郁葱葱的桢楠树。走近一看，一座崭新的川西四合院建筑呈现在眼前。建筑整体青瓦白墙，大门上方蓝底金字门匾刻有“川主宫”三字，“铁壁镇长江水满田畴分陆海，金牛横巨浪功留民庶等高天”的对联分列大门两侧。据说悦来镇原有真武宫、武曲宫与川主宫三座庙宇，随着岁月流逝，真武宫、武曲宫已消失不见，20世纪60年代川主宫也被毁坏，如今所见的是新近修缮完成的川主宫，真正遗存下来的或许只有那三棵高大的桢楠树了。

重新修缮的悦来镇川主宫
于玉　摄于2018年

新场镇川王宫

川主宫，让人很容易就联想起川王宫。巴蜀地区，“川主”和“川王”都是一种民间信仰，起源于川地人民对秦蜀郡太守李冰的信仰崇拜。人们祈求“川主”“川王”保佑巴蜀免于水旱灾害，其内容根源于巴蜀治水文化。明清以来，“川主”“川王”成为四川本土乡神，川王宫也因为供奉秦蜀郡太守李冰而得名。

悦来镇的这座川主宫规模比较小，不过在距离悦来镇仅十余公里的西蜀水乡新场镇，却有着一座“国保级”古寺川王宫。新场镇的这座川王宫位于虎跳河畔，四周密林山涧，茂林修竹。建筑群属川西风格，占地约2500平方米。始建于明万历四十八年（公元1620年），清末时遭遇火灾，1926年重建。就建筑技法而言，川王宫可谓是古建筑的“教科书”。川王宫建筑群整体呈长方形，共有87个房间。建筑屋面变化丰富，虽隐于深山，楼、阁、廊等建筑也有些许陈旧，但结构完整、用料考究，雕梁画栋、画风精美、技艺精湛。其中，川王宫为八角攒尖顶，三重檐楼阁，穿斗式梁架，高12米，宽1.2米，飞翠流丹；三清殿为四层木楼，四重檐歇山顶，筒瓦屋面，穿斗式梁架，面阔七间，31米，进深四间，13.5米，高18米，皆为风格鲜明的明代建筑。

川王宫的山门位于整个建筑群的中轴线上，古朴大气。进入山门，绕过照壁，两侧的长廊依山势而建，曲径通幽。沿着长廊继续前行，便可依次通过川王殿、刘关张结义殿、观音殿以及八角亭，沿途天井独自成趣，古树向阳而生，移步易景，别有洞天。越往后走，地势越高，空间也愈加开阔。穿过中殿，明净古雅的后殿供奉着峨冠博带、雍容肃穆的李冰像。

2000 多年前，秦王委派精通治水的李冰出任蜀太守，当时的四川地区被称为“泽国”“赤盆”，非旱即涝，民不聊生。李冰来到蜀郡后，亲眼看见了严重的水患。为治理岷江水患，他和儿子二郎沿岷江进行实地考察，了解地势水情。他发现岷江沿江两岸山高谷深，水流湍急，以至于到灌县附近进入平原地带，水势浩大，频频冲毁堤岸，泛滥成灾。而从上游挟带来的大量泥沙也淤积在此，河床抬高，每到洪水季节，狭窄的河道无法容纳洪峰，到秋冬枯水期，位于灌县城西南面的玉垒山又阻碍江水东流，引发干旱。勘察水情后，李冰又聚集民众献言献策，最终决定凿开玉垒山，开辟一条新的引水河道。他带领工匠们艰苦劳作八年，终于在玉垒山上开凿出了福泽后世的“宝瓶口”。其后，他又修建了“鱼嘴”，将岷江分为内外两江，外江用于泄洪，内江负责灌溉。最后为了进一步分洪排沙，在离堆和金刚堤之间还修建了一条泄洪道——飞沙堰。水量较大时，内江会有一部分水流通过此处排入外江，同时多余的泥沙也从这里被带向外江。至此都江堰建成，沼泽密布、水患频仍的成都平原变成了水旱从人、千里沃野的天府之国。

天府文化　百年成都

Tianfu Culture，A Century-old Chengdu

Chengdu 100 Year
Small town

成都百年小镇

街 子 镇

诗礼故园 史志流芳

街子镇，曾是热闹的政治、经济与文化中心，是一个承载了上通少数民族、下连川西平原的繁荣之地。悠久的历史也带来了深厚的文化积淀，街子镇不仅是晚唐“一瓢诗人”唐求的故乡，更是延续了考史修志的地方传统。

青城古镇 四界永康

崇州市街子镇坐落在凤栖山麓，凤栖山为青城三十六峰之一，毗邻青城后山与九龙山。因此，街子镇与青城山山相连、水相接，自古为青城古镇。五代时期，街子镇因横于味江河畔而得名“横渠镇”；元朝时，将横渠镇改名为“四界镇”。由于元末明初兵伐扰攘不休，生产力遭到严重破坏，加之政治、经济中心的转移，人烟渐稀，百业萧条，四界镇仅存河街子一条街，故又更名为“街子场”。新中国成立之前曾在此处设立街子联保以及建立街子场、街子乡；新中国成立之后曾有一段时间将街子乡改为公社，其后又经历了复乡、撤乡建镇以及区域并入，遂形成如今的街子镇。镇域辖区面积 40 多平方公里，人口逾 3 万，距都江堰市约 20 公里，离成都市约 60 公里。

山借水光，水借山色。街子镇远端群山起伏，层峦叠嶂；近处阡陌纵横，田园飘香，其间有一条发源于六顶山的味江河穿镇而过。此外，泊江河、横山渠、千五里河穿绕其间，横山渠自青城山注入街子场大街小巷的明渠浅沟里，使街子镇呈现出“水在街上环绕，街在水中活跃”的独特景观。半山半

1911 年美国人路得 · 那爱德与轿夫一行在茶马古道上　永康茶博馆　供图

坝的地理结构加上“春迟、夏凉、秋来早”的气候条件，使得街子镇植被丰茂、作物众多，阳春三月，金黄的油菜花从山脚铺到平坝。山与水将街子镇装点成了一幅幅生动的图画。

街子镇还是有名的“兰花之乡”，在兰草种植方面有着相当悠久的历史和丰富的经验，镇域内蕴藏着许多野生兰花资源，几乎涵盖了除墨兰外的所有中国兰花品种，其中不乏珍奇之类。不仅如此，历史上街子镇还曾作为经济与政治中心，不但水运发达，历来也是川藏茶马古道的重要中转站，文献中有“诸番尽食永康茶”的记载。茶马古道是唐宋以来汉藏及其他少数民族之间进行商贸往来的重要通道，它以茶马互市为主要内容，以背夫、马帮为主要运输方式，是我国西南地区重要的文化遗产，具有独特的政治、经济、文化价值。

如今，留存于小镇银杏广场的字库塔以及为纪念东晋史学家常璩而修建的华阳国志馆更为街子镇增添了不少历史底蕴与文化气息，它们与这里的山、水、花、寺融为一体，使街子镇呈现出“诗礼故园、画境兰乡”的独特清幽

字库塔 德国建筑师恩斯特·柏斯曼 摄于20世纪初

之韵。诗人唐求曰："缭绕城边山是蜀，弯环门外水名巴。"对于此语的理解，正如作家蒋蓝说的："人的生活和情感点染的山水是灵山活水的真命，这可能也是街子古镇千年不衰的根性。"街子，是蒲扇上一幅幅淡淡的水墨图；是时光之外的桃花源；是心灵的栖息之地。街子如歌，她的灵性早已深邃在镇场的花草、古寺、茶楼、深巷之中，此情此景，竟是千年一瞬。

街子才人罗元黼

罗元黼，字芸裳，出生于清咸丰六年（公元 1856 年），街子镇人。其父以医为业，设肆售药。罗元黼自幼喜爱读书，从师就学天邻乡，天邻乡先后更名双河乡、上元乡，今属街子镇。当时的他还是一个不到十岁的少年，却能做到每天鸡鸣而起，天不亮就提着沉重的书篼过河蹚水，里面装着学习所用的笔墨纸砚和书籍。在私塾中，他聚精会神地听先生讲经史子集，中午就在铁匠铺的火炉上烤自带的饭团充饥。不管寒暑、不论风雨，都无法影响他的漫漫求学之路。不仅如此，他还善于思索，几年下来，文章便已闻名半州，私塾先生则感叹其青出于蓝而胜于蓝。因学业优异，罗元黼不到二十岁就以文章出名，不久入州学，补廪生，入成都尊经书院，被誉为尊经书院四大才子之一。罗元黼擅长于史，与尊经书院长于经学的廖平、宋育仁，长于词赋的张子必、刘子雄齐名。

罗元黼画像　徐艺心　摄于 2017 年

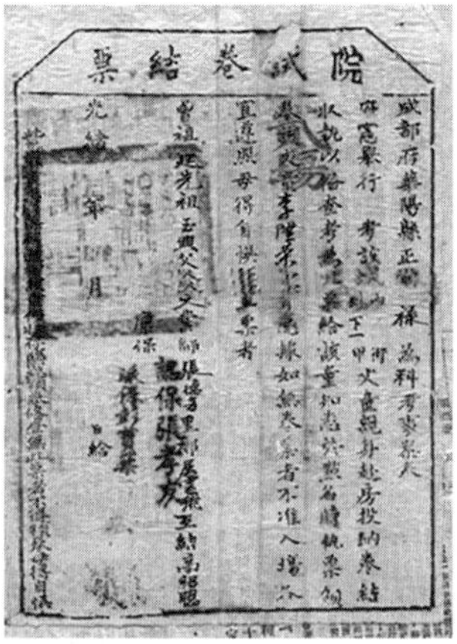

清代科举准考证：院试卷结票

晚清时期，四川虽有不少书院，但所授课程偏重时文帖括，学生沉湎于科举功名，以致士林风气日坏，蜀学不兴。当时，作为洋务派代表之一的张之洞出任四川学政，在目睹了四川学术现状之后，他决心改革教育、培养人才，以重振蜀学。在一系列的改革措施中，就包括了尊经书院的创立。追溯历史，最早提议建立尊经书院的人是薛焕，他是尊经书院的第一任山长。薛焕等人在张之洞的支持下，筹措经费、选址动工，最终于光绪元年（公元 1875 年）完成了书院的建设，院址位于成都南门文庙街西侧石犀寺。

尊经书院创办之初即目的明确，就是要培养“通博之士，致用之才”，要将书院建为通省性的模范书院，作为各州县书院的标杆。书院的士人们学成后，应以纠正学风、振兴蜀学为己任。为此，张之洞为书院拟定教学方针，制定学习内容，并撰写《书目答问》与《輶轩语》两书，指导学生及士人们学习。此外他还倡议书院建立了尊萨阁，收藏图书典籍、中西时务书报、挂图、仪器以及标本，自费为书院购买了各类图书上千卷。1879 年，川督丁宝桢聘请湖南著名学者、教育家王闿运担任尊经书院山长。王闿运博通经史，他执掌尊经书院后，倡导经世致用之法，修订院规，从严管理书院，并设立书局，刻印经典。1898 年，宋育仁担任书院山长，他是四川维新运动的领导人，创办了成都历史上第一家近代报刊《蜀学报》，推动了四川各地新式学堂的建立，

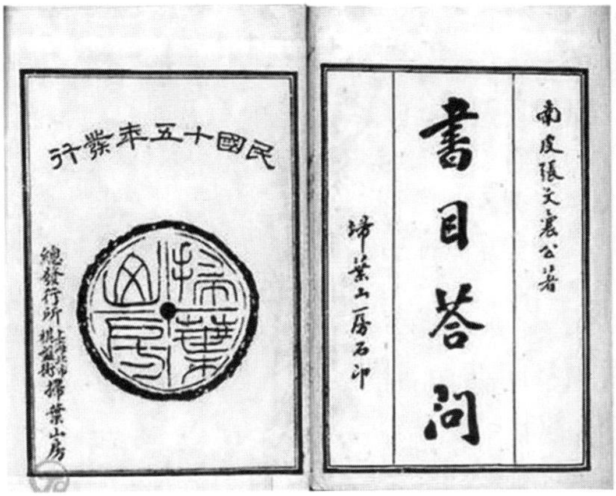

张之洞《书目答问》　　成都历史上第一家近代报刊《蜀学报》

被誉为四川历史上“睁眼看世界的第一人”，尊经书院更是在他任山长期间成为四川维新运动的基地。尊经书院自创办以来，不仅使四川沉闷的学术空气为之一新，而且培养了一大批出类拔萃的人才，如杨锐、廖平、宋育仁、吴之英、骆成骧、蒲殿俊、张澜、吴虞、彭家珍、谢无量、吴玉章等，他们都是尊经书院的学生。

1894年，罗元黼举优贡，朝考得教谕，先后在四川岳池、丰都等县县学任教。其后清政府宣布实行“新政”，提出“废科举，兴学校”。1903年，尊经书院扩建为四川省城高等学堂，为四川大学前身，罗元黼出任学堂舍监。民国初期，罗元黼又被聘任为四川存古学堂教习，并以学监之职主持书局，校刻蜀中文献，注疏经史要籍。存古学堂创办于1910年，是当时四川国学的最高学府，为晚清名臣、四川提学使赵启霖创设，由谢无量任监督（校长），是四川大学的另一前身。存古学堂对入选学生要求很高，大多为举人、贡生及新式学堂中的顶尖人才。学堂旨在“保存国学，尊重蜀贤”，为四川培养国学人才。当时存古学堂云集了谢无量、廖平等国学大师，正是群贤毕至之时。为了扩大学府，设立近代学科，遂将四川军政府枢密院的原址增建为学堂校址，并将学堂更名为“四川国学院”，罗元黼被聘为国学院教授。存古学堂和国学院为学术界培养了众多人才，如郭沫若、李劼人、周太玄、刘晦愚、王光祈、相子敬、蒙文通等。

1923年，崇庆县政府二次开局修辑《崇庆县志》，聘罗元黼任局长兼纂修，以重改修志局面。为了使志书内容翔实准确，他和全体修志同仁通力合作，开展了庞杂而又细致的工作。他们考察了崇庆县历代修志情况，对民国县志的纲目体例、史料内容提出了明确的要求。在广征博采口碑、文献、实物资料的同时，还查阅了《华阳国志》等众多的古籍名著，以补史之缺，纠史之误。经过三年努力，终于完成了此次修志任务，该志书被《续四库全书总目提要》誉为“详于考证，严于取舍”。修志事务结束后，罗元黼还曾在元通镇设馆教书。晚年时期，罗元黼结束了教书和存古学堂的工作回到了街子乡，在自家的香雪楼中读书、考订古籍与书帖等，号“香雪老人”。

罗元黼一生从事考据、注重经学，尤长于史，曾对彭洵所辑《青城山记》重新纂辑，对《彝军纪略》进行补订，还整理和圈注县中古寺所藏佛经。经史之外，亦善于书法、绘画，有《蜀画史稿》《蜀画类稿》《蜀中名画记续集》等著作问世。罗元黼在经史研究方面之所以有如此成绩，是与他的家乡街子镇分不开的。街子镇历来有考史修志的传统，江城街尽头有一座华阳国志馆，

国立四川大学，尊经书院为其前身之一

华阳国志馆　徐艺心　摄于 2017 年

便是为纪念东晋史学家、《华阳国志》作者常璩而修建的，常璩为蜀郡江原（崇州）人，崇州作为常璩的故乡成了中国地方志的发祥地之一，修志传统，代代相承。罗元黼正是继承了常璩的事业，一生致力于史志研究。

除史志研究外，罗元黼还热心公益事业与社会工作。在他晚年归乡之际，街子乡街道破烂，集市拥挤在小巷中，逢场人流拥堵，通行十分不便。见此情形，罗元黼积极倡议扩修整治街道，已是古稀之年的老人，挨家挨户进行动员，说服人们有钱出钱、无钱出力，乡亲们十分动容，全力支持。动工后，罗元黼不仅担任设计、指挥，日夜奔忙在工地上，有时还亲自参与劳动。街道拓宽、集市改貌后，他又带头捐资募集了一笔资金在天后宫创办贫民教养工厂，招收家庭贫穷的农民，一边参加劳动领取工钱，一边接受文化和技能培训。直到临终那年，他还在街子乡创办了味江女子学校，四面八方的年轻女子们提着书篼，从田间、山林成群结伴地来学校读书。校园里读书声、歌咏声连成一片，欢声笑语、气氛活跃，成为当时川西农村小镇一道罕见的风景。罗元黼创办的味江女子学校，开启了全县女子学校的先河，为街子镇女子入校读书之发端。

于右任与光严禅院

街子镇有一座远近闻名的佛教寺院，那就是被誉为“西川第一天”的光严禅院。民国时期，光严禅院因一则消息引起了人们广泛的关注，佚失了几百年的明初刻造《大藏经》竟然在成都附近街子镇凤栖山的这座古寺中被发现。这在当时引起了不小的轰动，就连国民党政界首脑林森、于右任等人都先后私下到访古寺寻经。

俗话说深山藏古寺，光严禅院正隐藏在凤栖山的参天古木与缭绕云雾之中，好似仙境一般，历来是文人雅士们择居的胜地。早在西晋时期，被誉为“蜀中八仙”及“青城五隐”之一的范长生就曾在这一带岩居穴处。初唐时，有“药王”之称的孙思邈也曾在此采药行医。盛唐时，据传居住在青城翠围山下的蜀人王仙柯在此处炼丹，后得道飞升。晚唐著名诗僧、贾岛的从弟释无可也曾驻锡于此。南宋淳熙年间，著名诗人、时任蜀州通判的陆游寻访翠围山，在古寺留宿，翌日清晨当他面对连绵峰峦，瞥见林中游走的鹿群，听见山谷里百鸟齐鸣，不禁兴趣盎然，倚着青松不愿离开。

光严禅院始建于唐代咸通五年（公元 864 年），初名常乐寺，其时寺院建筑壮观，《唐求集·题常乐寺》有“殿台浑不似人寰”的记载。南宋时更名翠围院，香火依旧旺盛。明朝时期，古寺深受皇家恩宠，明太祖朱元璋的小叔法仁和尚，云游西藏、印度等佛教圣地后，辗转到古寺当了住持。蜀献王朱椿知悉后，奏禀明太祖敕赐法仁徽号为“悟空”，悟空禅师圆寂后，其肉身不朽，安放于悟空宝塔之中，历经 600 多年至今保存完好。为了表达对这位削发为僧的小叔的敬佩之情，朱元璋专为古寺亲题“纯正不曲”四字。明成祖登基后，敕赐古寺“光严禅院”，并赐古寺半副銮驾、两口皇锅，以及龙凤旗、琉璃瓦、《洪武南藏》佛经一部和印度梵文贝叶经《华严经》一部。其中，《洪武南藏》是朱元璋洪武年间敕令所刻之佛门典籍，卷帙浩繁，共 7000 多卷，刻成后只印了两部，一部存在当时的国家藏书秘阁，永乐六年（公元 1408 年）毁于火灾；一部御赐古寺，藏于藏经楼，该藏经是全国现存唯一孤本，堪称旷世绝版，为镇寺之宝。明朝末年，禅院因战火损毁严重。清康熙年间开始重修，至乾隆时期完成修缮。

前面提到民国时期引发时人关注的佛经，正是这部《洪武南藏》，于右任先生在目睹经书真容后，还为古寺题写了“藏经楼”三字，至今犹存于壁上。众所周知，于右任是中国近现代著名的书法家，他在草书领域里开宗立派，自成一家，创造出中华书坛上赫赫有名的“于草”，就连日本书法界人士亦有尊之为现代的“草圣”。于右任的书法植根于魏碑，宗法于章草，融

光严禅院　徐艺心　摄于 2017 年

会四体之妙，即篆、隶、楷、草，博采众家之长，独具风格，于跌宕中见俊逸，于疏放中见规矩，晚年书法技艺更臻成熟，可以说达到了挥洒自如、炉火纯青的境界。《标准草书》即是其代表作之一，该书出版发行后，得到了极高的评价。在重庆曾家岩陶园居住时，于右任约集了南社旧友柳亚子、刘成禺、陆丹林等十多人午宴，便将他的《标准草书》新印本分赠诗友，并准备了二十件近作联屏，由诗友选定后，他再挥毫题款。光严禅院能够得到书法大师于右任的亲笔题写，可见《洪武南藏》这部经书的重要价值与巨大影响，也间接说明于右任是一位格外重视珍稀文献的人。而他对文籍的珍视还要从他的父亲说起。

由于家境贫困，于右任的父亲于文宝只在书塾读了两年书，12 岁时迫于生计便跟着哥哥于宝铭与众相邻步行至四川谋生。于文宝起初在南充学手艺，后辗转至岳池刘家当铺做杂工。当时当铺的掌柜叫马芰洲，其祖为明代大儒，因此闲暇时喜刻先人遗著，但因店务繁忙，时断时续，成书很慢。于是便让于文宝做其助手学习刻书，一做就是九年，即便是婚后也因家境困窘而不得不继续在四川谋生。然而，正是长期从事刻书、校勘工作，使得于文宝有机会与岳池地区的学者频繁接触，博览群书。他曾手抄全部《史记》，辑修家谱，选成治家语录格言三卷，借抄张之洞《书目答问》《輶轩语》及袁子才《小仓山房尺牍》，圈点《十三经》两遍。最为关键的是他把历年所得之书不断寄回老家，并时常在信中指点年幼的于右任应读何书、读书之法。后来于文宝回到老家，也依然与儿子于右任一起日夜读书。“望汝作世上一个读书人”，当是父亲对于右任最深的期许。事实证明，于右任没有辜负父亲的期望，他最终成了一位反帝反封建志士、辛亥革命元老、教育家、书法大师以及著名诗人等。

纵观于右任一生，他始终为中国民主革命和国共两党合作积极贡献力量，

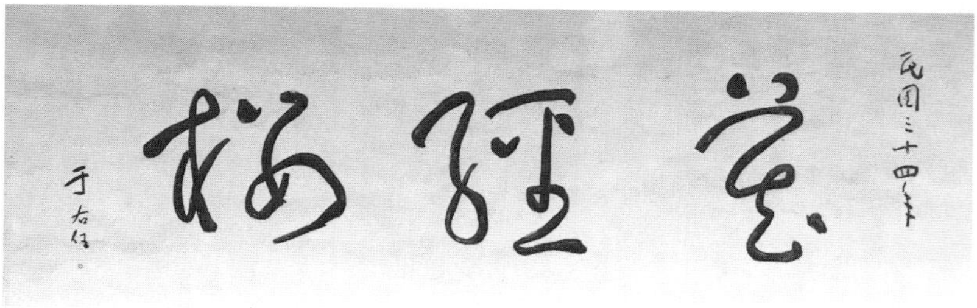

于右任手书藏经楼　徐艺心　摄于 2017 年

1944 年 3 月私立新三中学篮球队合影　南充市档案局供图

是一位名副其实的爱国者。在中国近现代史上，国共两党曾有过两次合作关系，一次是在 1924 年中国国民党第一次全国代表大会召开时，接受了中国共产党提出的反对帝国主义、反对封建军阀的政治主张，重新解释了三民主义，确定了联俄、联共、扶助农工的三大政策。第二次是 1937 年抗日战争爆发后，中国共产党倡导抗日民族统一战线政策时的合作。这两次合作于先生功不可没。一直以来，于右任都极力促成国共合作，也是最早拥护中国共产党正确主张的国民党元老之一。

此外，兴办教育也始终是于右任生命中浓墨重彩的一笔。他曾创办了民治小学、宗海小学校、渭北中学、渭北师范和地方自治讲习所；倡议创建了西北农学院；在上海参与创办了复旦公学、中国公学以及上海大学；支持创建了三原女子中学、新三中学、西安中山军事学校。

抗日战争期间，国民政府西迁重庆，尽管此时战火纷飞，于右任仍然不忘兴学校办教育，支持四川岳池县共产党员与进步教师创办了新三中学。于右任的父亲在岳池生活多年，因此岳池对于右任来说有特殊的意义，他常称岳池为第二故乡。建校后，学校办事民主、教师积极性很高，受到家长和社会好评，名声也越来越好。此时抗日活动也在学校蓬勃开展，读书会、话剧社、墙报组、抗日救亡宣传队都很活跃。新中国成立之后，新三中学与岳池中学合并。抗战时期，复旦迁至重庆，是时复旦经济极度困难，国民党政府教育部趁火打劫，拟将复旦与江苏医学院合并，更名为“江苏大学”，想把复旦扼杀于无形之中。得知此消息的复旦师生一致反对，坚决要求保留具有革命传统的“复旦”校名。于右任作为国民党政府中官位最高的校友，亦支持复旦师生的要求。为此他在当局与复旦校董之间多方奔走，在重庆嘉陵宾馆亲自召开在渝复旦校董会议，详细讨论复旦改为国立的条件和保留校名等问题，获得校董们一致支持。多方努力之下，私立复旦大学改为国立，但保留校名。重庆北碚及抗战胜利后上海江湾校门上的“国立复旦大学”六个字均由于右任手书。除了为保留校名一事奔波以外，于右任对于复旦的建设也慷慨解囊，北碚复旦相伯图书馆竣工后，图书极为匮乏，于右任在重庆举行了一次书法展览，将出售展品的全部收入捐给复旦大学相伯图书馆购买图书。

于右任的另一项功绩是他先后创办了多种时报。如为了宣传革命主张而创办的《神州日报》；以为民请命为宗旨的《民呼日报》，其主笔阵容强大，

于右任与马相伯

其中一位便是出生于四川广汉的戴季陶；以及被称为《民呼日报》姐妹报的《民吁日报》，该报以提倡国民精神、痛陈民生利弊、保存国粹、讲求实学为宗旨。在那动荡不安的时期，这三份报纸存在的时间都很短，但社会影响却是一个比一个大。当时的上海被称为中国的新闻中心城市，有大报小报数十家，如老资格、名气大的《申报》《新闻报》。于右任的这几份报纸能够从中脱颖而出，这的确算得上中国近代报业史的一个传奇。三份报纸之后，于右任还创办了《民立报》，该报继续秉承着前三报的优良传统，在孙中山先生领导的辛亥革命中起了巨大的作用。抗战期间，《新华日报》记者陆诒在重庆访问于右任时，他谈了很多《民立报》的事情，并勉励报业人办好报纸须做到“苟日新，又日新”。

于右任先生的一生颇为传奇，虽生逢乱世，但他仍怀有强烈的爱国情怀，仍不忘教育乃国之大事，他的事迹感动着同时代的人，也激励着一代又一代的有志青年，其精神正如他题写于光严禅院的“藏经楼”三字一样长存于世。

林盘田园酿生态

街子镇地处川西平原，坐落于凤栖山下，山水一色，人杰地灵。凤栖山中有着大片的原始森林，千年古楠、古柏、古杉、古银杏参天蔽日。背靠青山、直面平原，加之发达的水系，使街子镇常年清水不断、风景如画，有“川西水乡”之赞誉。正所谓“青山绿水抱林盘，村庄小镇嵌田园”，当是对街子镇这个名副其实的生态小镇的形象刻画。街子镇凭借地理环境的优势，其农业经济一直较为繁荣，除水稻外，还种植了大量的经济作物，如茶叶、川芎以及兰花。街子镇蕴藏着丰富的野生兰花资源，有着悠久的兰花种植史，被称为“兰花之乡”。

晚清民国时期，因川芎贸易的繁荣，街子镇逐渐形成川芎苓种的巨大产业和集散地，当时的交易盛况被描述为“大街小巷话苓种，茶楼酒肆说川芎”。说到川芎经营，不得不提及街子镇的冯家药栈，其先祖是世代种植川芎的药农人家。咸丰年间，乡邻和同行为褒扬其医德高尚，特赠“德荣堂”大匾额给冯家。民国初期，冯氏在街子镇修建了有着四间铺面的四进院落，一块黑亮的大匾额高悬于仿门楼上，上书“德荣老号”四个大字，金光夺目、笔力雄健，展现了其作为“川芎世家，代代医门”的辉煌历史，据传此四字出自罗元黼之手。

街子镇的生态繁荣离不开川西平原的泽被。从古蜀开始，川西平原就因

赶场的人们 加拿大老照片项目小组供图

优越的自然环境成为蜀文化发展的中心。千年来在以稻作为主的川西平原上，分布着密如蛛网的农田、水系、道路以及山林，它们与星罗棋布的林盘共同构成了林盘体系，并由此形成了川西平原独特的林盘文化。“林盘”一词由来已久，清道光年间举人王培荀有《听雨楼随笔》，其中记载：“川地多楚民，绵邑为最。地少村市，每一家即傍林盘一座，相隔或半里，或里许，谓之一坝。”

川西平原上的林盘数量众多，主要分布在成都与德阳，以成都为主体。在成都各区县市中，崇州市为林盘数量与居住人口较多的地区之一，其林盘形态完整、植被茂盛，大中型的林盘较多。比如道明镇的竹艺村、鸡冠山乡岩峰村、桤泉镇千功村、怀远镇二江村、街子镇凤栖山莲经村等。

川西平原上的此种生态格局虽然被统称为林盘，但不同地域的林盘却呈现出各自的特点。比如位于街子镇凤栖山莲经村内的林盘代表熊家店子，距街子场镇约 8 公里，海拔约 1200 米，依托凤栖山山林特色，森林郁郁葱葱，空气清新宜人。落雨时节，山林附近会出现云雾缭绕的景象；天朗气清时，风景更是美不胜收。而同属崇州市的道明镇林盘就与街子镇不同，其镇内新

百年前的林盘样貌清晰可见　加拿大老照片项目小组供图

兴的竹艺村为林盘文化在当下最生动的体现之一。竹艺村并非一个行政单位，它实际上属于道明镇龙黄村所在区域，其依托国家非物质文化遗产道明竹编而广为人知。竹艺村的成名源于一座被命名为“竹里”的建筑，它的灵感来源于南宋著名诗人陆游的一首词《太平时》：“竹里房栊一径深，静愔愔。乱红飞尽绿成阴，有鸣禽。临罢兰亭无一事，自修琴。铜炉袅袅海南沉，洗尘襟。”作为建筑的“竹里”与当地的自然人文环境交流互动，现代艺术被巧妙地融入了乡间田园，既是对当地文化的挖掘，亦是地域文化的再生。

在悠长的农业文明时期，林盘文化与川西自然地理条件相适应，促使农业和手工业得到充分的发展，为川西社会全面发展奠定了坚实的基础。先秦时期川西平原就已出现有中心聚落的宝墩文化；秦汉时期林盘与地主庄园经济共同发展，形成川西田园乡村风貌；至于唐宋，林盘已发展得相当成熟，从描写乡村的诗句可知，当时的林盘已呈现出天人合一、朴素自然的景观。到元明清时期，川西平原经历了数次战火与重生，林盘文化也跟着几起几落。正是这一时期，大量的移民进入四川，其规模巨大，影响深远。移民从多方面促进了川西社会的发展与繁荣，并形成新的移民文化。可以说，川西平原

乡民聚会 加拿大老照片项目小组供图

看坝坝戏 加拿大老照片项目小组供图

的林盘体系带来的不仅仅是经济的繁荣，还造就了独特的川西文化。

林盘是自然与人文的天然融合，农村房舍四周被竹林、树木、河流及耕地环绕，形如田间绿岛。林盘将人们的农事生产与家庭生活相联系，体现出和谐共融的生态环境，其中最为典型的现象就是乡村茶馆的兴起。乡村茶馆为川西农民提供了一个极为便利、舒适、多功能的场所，并且将不同的林盘联系起来，使居住在不同林盘之间的人们在日常生活中接触与熟络。

川西平原的茶文化源远流长，肥沃的土壤与适宜的气候使得大量优质茶叶的生产成为可能，由此形成的饮茶之风与茶馆文化，成为川西的一大特色。民国年间，成都的茶馆数量众多，据《成都通览》记载，1909 年成都的茶馆有 450 家，1941 年发展到 614 家，其后每年都有增加，当时就有一种说法叫“四川茶馆甲天下，成都茶馆甲四川”。但当时的茶馆并未深入乡村内部，而只是到了农村场铺，即集市中心，后来茶馆才逐渐在村内开设。茶馆里的人形形色色，茶馆的功能也多种多样。农民们喜爱在茶馆里办事，比如为子女提亲、带子女相面，卖谷子、谈土地及房屋租佃，请保甲长或士绅调解纠纷，就是所谓的“吃讲茶”。可见那时的茶馆不仅是乡村社会信息传播与文化娱乐的中心，也是谈婚论嫁、谈生意、解决矛盾的重要场所，是一个集商业与生活为一体的公共空间，充分体现了成都人乐观的生活态度，以及开放、包容的成都精神。

林盘文化是川西平原独有的聚落文化与民俗文化，它体现出中国文化哲理的最高境界“天人合一”，这是人与自然和谐统一的理想与追求。农田、水系、林盘的融合形成了川西平原具有代表性的田园风光，这一古老的地域形态一直是天府之国最直观的形象之一。川西平坝上星罗棋布的林盘，林盘里竹林草木成片，鸣鸟飞雀成群，林木掩映下的农家院落，屋前房后的瓜果蔬菜、花花草草，堂前檐下挂着的辣椒玉米。檐廊下老大爷在编织着竹箩筐，老大娘在院子里摘菜，邻居们三五成群围坐着喝茶“摆龙门阵”，这正是茂林修竹、落英缤纷的诗意田园生活景象的真实写照。林盘是川西田园的灵魂，造就了世外桃源般的乡村景致。

天府文化　百年成都

Tianfu Culture, A Century-old Chengdu

Chengdu 100 Year
Small town

成都百年小镇

临邛镇

文君井 吴祖政 摄

东连川外 西入康藏

临邛是古南方丝绸之路的重要节点，也是川藏茶马古道的必经之地。近现代时期，因其独特的地理位置成为成都经雅安入西藏的军事要地，为抗日战争的胜利以及新中国成立后的边疆建设做出了应有的贡献。

天府南来第一州

临邛位于成都平原西南，距成都65公里，是邛崃市政府驻地，是全市政治、经济、文化中心。建制时间可追溯至两千多年前的先秦，是秦在统一中国前所置的最早的县级单位之一。秦灭蜀后，出于政治与军事考虑，要在蜀地修筑城池，临邛故地土地肥沃、资源丰富、交通便利、市场繁荣，与当时成都、郫所在区域一样成为首选之地，秦惠文王更元十四年（公元前311年）蜀守张若在临邛筑城。此地早在新石器时期即有邛人居住，遂将其命名为临邛。临邛历史久远，与益州、巴郡、郫并称为巴蜀四大古城，是古南方丝绸之路西出成都第一站。富饶的物产、繁荣的经济以及显要的交通，形塑了“临邛自古称繁庶，天府南来第一州”的历史形象。

20世纪50年代的邛崃东街

自古以来，邛人所居之地便有丰富的天然气及盐铁资源，盐井的开凿、火井的开发使临邛成为人类历史上第一批拥有天然气井的地区，也使中国成为第一个开采与利用天然气的国家。西晋文学家左思在《蜀都赋》中写道“火井沉荧于幽泉，高焰飞煽于天垂”，便是对临邛火井天然气喷薄燃烧场面的生动描述。冶铁在临邛的历史也很悠久，西汉时已是西南最大的铁都，卓王孙与程郑就是在临邛因经营采矿冶铸而闻名的两位大富豪，司马迁在《史记》中记载两人“富至僮千人，田池射猎之乐，拟于人君”。

邛崃工艺美术陶瓷厂美术陶瓷车间的职工王瑞华正在给唐马上釉 1977年

不仅如此，从秦汉开始，制陶、酿酒、制茶、造纸以及丝绸等行业相继在临邛兴起。富足的经济造就了临邛文化的多样与繁荣，形成了富有临邛特色的系列文化，诸如邛窑文化、邛酒文化、邛茶文化等。邛窑是我国彩绘瓷的发源地，在四川青瓷系中邛窑以“七最”，即窑址分布最广、面积最大、窑包最多、产品最精、流散最广、品种最多、烧造时间延续最长而成为影响最大的民窑。邛酒为蜀酒的代表之一，酿酒之风很久之前便盛行于临邛，西汉时卓文君与司马相如在临邛当垆卖酒的故事早已成为千古佳话。邛茶质量高、产量大，临邛为四川茶叶的重要产地，素有“万担茶乡”之美誉。

南朝梁（公元 552 年）益州刺史肖范于蒲水口立栅为城，梁武陵王肖纪于蒲水口始置邛州。西魏废帝三年（公元 554 年）元钦据蜀后，在原临邛境内，复置临邛县，又称临邛郡，郡治所在今临邛境内。唐高祖武德元年（公元 618 年）李渊改郡为州，将临邛郡辖域析置雅州、邛州。宋乾德三年（公元 965 年）置邛州、临邛郡。元世祖至元二十三年（公元 1286 年）推行行省路府州县制，初置邛州，继而改为临邛郡。明洪武九年（公元 1376 年）将邛州改为县，名邛县。清康熙十九年（公元 1680 年）清军攻下成都后，仍置邛州，领大邑、蒲江两县。可见临邛自古以来便是郡、州、县、市治地，军、镇及道署驻地，地位显要。

1911 年辛亥革命推翻清王朝的统治后，由孙中山先生出任临时大总统的中华民国仍置邛州。1912 年 4 月 1 日，袁世凯窃取临时大总统一职，为复辟帝制实行“军民分治”“废省改道”，仍想以清王朝的道制来统治地方。遂将邛州改州为县，更名为“邛崃”，治所在今临邛境内。军阀割据时期，邛崃先后为刘禹九、杨森、刘文辉、李家钰等军阀割据。1935 年 6 月，四川改为行政督察区制，邛崃为四川第四督察区眉山专员公署辖县。1949 年新中国成立，中国人民解放军二野十二军于当年 12 月 19 日解放了邛崃县城。1950 年，邛崃县人民政府成立，属川西区眉山专区领导。1953 年，划归温江专区领导。1983 年，温江地区同成都市合并后，邛崃即划归成都市领导。1994 年，撤销邛崃县，设邛崃市。

临邛城区在新中国成立之后更名为邛崃县城关镇，1994 年城关镇又更名为邛崃市临邛镇。2015 年，邛崃市撤销临邛镇，设立临邛街道。回望历史，临邛从公元前 311 年筑城至今已经两千余年，纵观其建制沿革概况，可以说今天邛崃的疆域，无一不是历史上临邛的辖区。

临邛自然风光秀丽，南河绕城而过，青山隔水相望。古城内留存着明清时期的建筑，以及文君井园林、回澜塔、十方堂、白鹤山、竹溪湖、花置寺、九里泮等，水光山色的自然美景与历史气息浓烈的遗存相生相伴、和谐共融。

桑园机场与川藏公路

临邛自古地理条件得天独厚，东北地势平坦，为川西平原一部分；西南倚邛崃山脉，属丘陵山地，矿产资源丰富。行政区划中，邛崃（古称临邛）东连新津、彭山，南与眉山、蒲江、名山及雅安毗邻，西接芦山，北通大邑。临邛作为西南最早的商贸通道之一，不仅是蜀都通往南方的咽喉之地，也是

修建机场的民工拖着石碾碾压跑道

成都经雅安入西藏的必经之处。近现代时期，邛崃因其独特的地理位置成为军事要地，其中桑园机场与川藏公路的修建都与其有着十分密切的联系。

抗日战争时期，国民政府内迁重庆，航空委员会也由贵州迁至成都，当时的成都成为中国空军最高指挥中心、最大的空军战略基地。为加强空军基地建设，配合友军重大战略实施，当时的国民政府决定在成都附近修建机场。四川省政府遵照国民政府军事委员会命令，要在太平寺、双流、新津、温江、崇州、邛崃、泰宁、彭山、简阳等地新建及扩建机场。1939 年 3 月，航空工程技术人员在邛崃的桑园乡和大邑的新场、王泗乡交界处进行勘测后，决定修建桑园机场。

按照设计要求，桑园机场是供战斗机和轻型轰炸机使用，其战略意义自不待言，机场建设受到国民政府及四川省政府的高度关注。完成一系列的筹备工作后，四川省政府在邛崃、大邑、崇州、郫县、夹江、青神、眉山等县征集民工 2.5 万人，其中邛崃一地就有 3000 余人，并于当年 10 月正式动工。

机场修建时设立了“特种工程管理处”，技术工作由处长负责，副处长兼任民工总指挥。各县设民工总队部，下辖大队、中队、分队，总队长由各县县长兼任，大、中、分队长由区长、乡镇长、保长担任。当时邛崃县的民工总队长由县长汪仲夔出任。由于邛崃分摊工程地段地势低洼，多冬水乱田，因此工程尤为艰巨，全靠民工们使用锄、铲、筐，肩挑背磨完成，劳动强度大，每天都需劳作 10 小时以上。但是，为了抵御日本侵略，维护国家安全，民工们忍受艰难、辛勤劳作，不分晴雨，就连春节也不休息，最终于 1940 年 8 月完成了机场修建任务。

桑园机场内俱乐部一角　摄于 1944 年　邛崃新闻网供图

桑园机场竣工后，作为空军 35 站，进驻空军第十一和十二大队，主要担负训练任务和后勤工作。即便如此，桑园机场仍然成了日本侵略军重点进攻的对象。在机场投入使用不到十个月的时间，就遭到了日本军用飞机的轰炸。由于事发突然，停放在机场跑道上的 8 架飞机来不及转移而被全部击毁，机场损失惨重。

两年后，中国正与苏联、美英等国结盟共同抗击法西斯的侵略。出于战略需要，中美商定由美国空军派出重型轰炸机对日本本土实施战略性轰炸，但四川的机场不适合重型轰炸机起降。因此国民政府军事委员会决定扩建桑园、新津两个机场，并在彭山、广汉新建两个重型机场备用。

为扩建桑园机场，专门成立了扩建管理指挥机构，由四川第四督察区专员陈炳光担任处长、邛崃县长强兆馥担任副处长，国民政府交通部总工程师张海澜负责技术与现场。由于工期紧急，省内成立了征集小组，紧急征调各县民工，参加桑园机场扩建的民工共计 8.6 万人，他们来自邛崃、大邑、崇州、蒲江、丹棱、洪雅、名山等地，其中邛崃一地就有民工 2 万人。

扩建机场的主要任务是改建跑道，需要将 2600 米长、60 米宽的跑道扩建为长 5000 米、宽 100 米的新跑道。此外还需要修建跑道两端的滑行圈和两侧各宽 30 米的滑行道，以及停机窝、停机坪、油库、排水沟等配套设施，工程量浩大、技术要求高。施工中除四川省公路局奉令征调公、商汽车协助机场运输石料外，其他工程基本上是靠人工操作。民工们克服重重困难，以惊人的意志力完成了这一艰巨的任务。扩建后的桑园机场，总面积约 800 万平方米。

扩建后的桑园机场成为美空军卡尔中校率领的 B29 重型轰炸机以及其他战机的基地，最多时机场停放了 20 架战机。1944 年 6 月 15 日，日本九州岛的八幡钢铁厂受到了严厉的空中打击，完成这次震惊世界的大轰炸战机正是从成都附近几个重型轰炸机机场起飞的。桑园机场的修建离不开邛崃人民的血与汗，它见证了邛崃儿女为抗战胜利做出的牺牲与贡献。

除了在抗战历史中发挥出重要作用的桑园机场外，邛崃在川藏公路的修建与发展中，也彰显了作为东连川外西入藏的交通要塞的重大意义。

川藏公路原名为康藏公路，是我国内地通往西藏边疆的重要交通路线之一，也是全国五条重要国防公路之一。它东起成都，西至拉萨，分南北两条线路。南线在四川经成都、雅安、泸定、康定、东俄洛、雅江、理塘、巴塘，至西藏经芒康、左贡、邦达、八宿、波密、林芝八一镇、工布江达、墨竹工卡、达孜，最后止于拉萨，全长 2162 公里，属 318 国道的一部分。北线成都至东俄洛路段与南线重合，经过东俄洛后分线北上，经四川八美、道孚、炉霍、甘孜、德格，西藏江达、昌都、那曲，最后到拉萨，全长 2407 公里。川藏公路于 1950 年 4 月 1 日正式开始修建，1954 年 11 月底全线初通，历时四年零九个月。在这四年零九个月里，筑路者们共完成了土石方 1953 万方，其中石方 554 万方，路面 364 万平方米，桥梁 430 座，总长 6557 米，涵洞

B-29 大型轰炸机　陶轲　摄

解放军第十二军与川康边人民游击纵队在邛崃桑园机场会师

进藏部队修路

进藏部队在怒江上架桥

3781道。川藏公路沿线地质情况十分复杂，横穿八条断裂带且河谷与山脊相对高差在一千至三千米以上，巨大的海拔差异引起气象的骤变，夏秋时节沿线多泥石流、塌方，冬春季节则多积雪、雪崩等地质灾害。所以说川藏公路的建成创造了世界公路修筑史上前所未有的奇迹。

川藏公路的历史可追溯至民国初期的川康路。川康路原名成康路，是较早倡议修筑的道路之一。1912年，时任川边经略使的尹昌衡提请四川省议会发行纸币二十万元作筑路经费，其时所修之路可供驮马或一般车辆通行，且主要用于军运，时称军路。但当路修至新津时，政局突变，随着尹昌衡去任，筑路工程也就此停顿。此后十余年间，道路几经洪水冲刷，路面铺石松散暴露，凹凸不平，加之无人管理，无钱整修，遂又将所修之路恢复，其拓宽部分复为农田。这次修筑的军路，可视为成康马路的先声。

1926年，时任西康屯殖使的刘成勋倡议修筑成康马路，并成立成康马路工程总局，筑路经费由马路沿线各县随粮附征，各县大家富户再加派捐款，款项由各县统收统支。年底于成都南郊武侯祠举行了开工典礼。因财力所限，工程只得分段进行，先修通成都至双流，再从双流修至新津。同时，新邛、邛名、名雅各段亦分段开工。就在新邛土路即将完成之际，刘成勋被刘文辉打败，通电下野，筑路工程被迫中断。不久后，刘文辉任命旅长张致和为总办继续成康马路修筑事宜，将马路总局设于邛崃，对成新段进行修整，完成新津至邛崃的未完工程，并组织测量队勘测邛崃雅安段，测量队刚抵达雅安，张致和奉令移防，工程搁浅。两年后成康路总局改为分局，隶属川南马路总局。总办邱鹄接任后派李绍庚对邛雅段进行勘测，测量路线由邛崃东门起，绕经川南第一桥、大塘、黑竹、百丈、和尚脑、名山、雅安金鸡关，最后止于附城青衣江。但迫于战时情况，工程进展缓慢。此后成康路分局长改由邓骧担任，工程勉强维持，两年后成雅段方才完成，全长151公里。1935年国民政府下令重修成康公路，并将路名改为川康公路，邛崃动用了大量民工参与筑路工程。

新中国成立后，川康公路建设由解放军第十八军接管，为了和平解放及建设西藏，开始了川藏公路的修筑，川康公路即川藏线的一部分。历史上的川康公路邛崃段全长42公里，但川藏线开通后缩短为39.5公里。川藏线的开通为邛崃带来了经济的高速发展，在此基础上邛崃改建了原川藏线邛崃段南段、成温邛公路，在原川藏线邛崃城区至名山段开辟新线邛名高速公路，从此邛名高速与成温邛高速相连，一条完整的高速公路贯穿邛崃境内，又改造了新邛公路，使原川藏线邛崃东段以崭新的面貌出现。对于全国来说，川藏公路在保卫边疆、巩固国防、维护祖国统一、振兴边疆经济、增进民族团

1951年十八军卫生部第五届卫生行政会议人员在文君井合影

结与促进文化交流方面发挥了空前的作用。

此外，在新中国成立初期，十八军卫生部和后方医院在邛崃暂驻了较长一段时间。行政部设在文君井内，办公的地方即文君井的清代房舍，其时十八军卫生部食堂所用的饮用水就是文君井里的水。后勤医院还在邛崃招收过一批应届的初高中女生补充到医院随十八军进藏。1951年8月15日，十八军卫生部在邛崃召开了“第五届卫生行政会议”，会议重点研究和全面部署了进军西藏后的医疗卫生和后勤保障工作，以及在进入西藏的过程中不断转诊下来的1860人的去留及管理问题，其时伤员们就诊于邛崃的三个卫生所。最终决定位于桑园乡的第一卫生所暂留邛崃，交眉山地委代管，且接收所有伤病员；十八军卫生部、后勤医院以及二所、三所按计划陆续撤离邛崃，随军进藏。就这样邛崃人民在新中国成立初期与十八军结下了不解的军民情缘。

双江人民公社与农村改革

新中国成立后，随着大西南地区的逐渐解放，四川遵照中共中央、中共中央西南局的精神指示与工作部署，在四川广大农村地区开展大规模清匪反霸、减租退押的运动，并由此开启了农村土地改革、农村经济结构变迁的历史征程。

人民解放军翻越雪山向昌都挺进

1950 年，川西人民行政公署召开第二次委员会议，会议指出邛崃、大邑等地 10 个县的农民在减租退押运动中所得很少或较少，因此决定在这些地方首先进行土地改革。为了做好此项工作，中共邛崃县委指派四区区长裴增万到眉山县象耳乡参加眉山地委主持的土改试点工作；随即又派出 20 余名干部到大邑县三岔乡学习川西区党委的土改试点经验；紧接着成立了邛崃县土改工作分团，以王瑜山为团长、裴增万为副团长，将傅庵乡确定为首个试验点。在此基础上，第二年又增加了羊安、泉水、冉义、太平、石坡作为土改试点乡。此后土改工作在全县持续开展，最终于 1953 年初完成了土改任务。

此一时期邛崃农民的生产积极性高涨，广泛开展深耕、积肥以及土壤改良活动，当时流行着“誓叫低产变高产，穷山变富山”“要高山低头，叫河水上山”“苦战三年改变邛崃面貌”一系列口号，反映出农民发展生产的强烈愿望。1958 年 3 月，中共中央在四川成都举行政治局扩大会议，会议中心议题即树立经济建设高速度思想，确立多快好省地建设社会主义总路线的思想。成都会议后经济建设高速度逐渐成为社会主义建设总路线的灵魂，成为“大跃进”和人民公社运动的主要理论依据。此后人民的生产积极性逐渐被引导去追求一些远离实际目标、事与愿违的事。

1958年3月成都会议期间，毛泽东在农村视察时与农民交谈

农村改革和发展问题势在必行，1978年12月中共召开十一届三中全会，深入讨论了农业问题，会议公报指出调动全国几亿农民的社会主义积极性必须在经济上充分关心他们的物质利益，在政治上切实保障他们的民主权利。此后从1982年起，中共中央连续发布了关于农村工作的5个一号文件，奠定了农村基本经营制度，确立了农户作为农村的微观经济主体，阐明农村经济要从自给半自给经济向较大规模的商品生产转化、从传统农业向现代农业转化。在十一届三中全会精神指引下，中共邛崃县委率领全县人民推行以农业联产承包责任制为主要内容的农村改革，1981年邛崃被省委、省政府正式确定为省内三个农村综合体制改革试点县之一，率先在经济管理体制和经营体制上实行归口管理和农工商综合经营。先后撤销了县委的农村、工交、财贸工作部；政府农业局、商业局、工业局同农办、财办、经委合并；打破部门、所有制和城乡界限，以产品和行业组建24个专业公司；增设县委政研室以及政府审计、国土、监察局。管理体制的改革推动了生产力的发展，十年后邛崃工农业总产值增长4.29倍，财政收入增长4.6倍，农村人均收入增长3.7倍，城乡储蓄余额增长24倍。农村的改革与发展进一步解放了农村社会生产力，带来了城乡经济体制的一系列变革，实现了城乡一体协调发展的城乡共荣。

天府文化　百年成都

Tianfu Culture, A Century-old Chengdu

Chengdu 100 Year
Small town

成都百年小镇

白 鹿 镇

中西合璧 蜀韵欧风

白鹿镇是一个历史悠久、文化繁荣、建筑风格独树一帜、宗教人文资源丰富的小镇。著名文人流沙河先生曾这样描绘白鹿镇："白鹿渺渺随仙，惟古镇鹃啼依稀蜀韵；丹花盈盈语客，有教堂诗唱仿佛欧风。"

山间古钟引西风

白鹿镇位于成都市平原西北部，距成都市区 60 余公里。小镇的命名起源于一个传说，古时曾有世间罕见的白鹿在山间出没，人们便将此山称为白鹿山，白鹿镇之名便源于白鹿山。据《华阳国志》记载，白鹿山还见证了开明氏王朝的覆灭。周慎王五年（公元前 316 年）秋，秦国伐蜀，此战以蜀王战败告终，其傅相及太子退至逄乡，死于白鹿山。直至清朝乾隆年间，白鹿河边建起座座川西民居，人们在此安居乐业，最初的白鹿老街开始慢慢形成。

清咸丰十年（公元 1860 年），法国天主教传教士洪广化来到白鹿镇，在此建立传教基地。几年经营后，他开始购置田地，修建备修院。备修院俗称下书院，在白鹿老街对面，也就是今天闻名于世的"最牛教学楼"所在之处。清光绪十年(公元1884年)，成都主教杜昂派神甫谷布兰到白鹿镇重修备修院，落成之后命名为"无玷书院"。九年以后，又在白鹿河上修建了一座中法桥，即金桥，作为连接白鹿老街和备修院的通行桥梁。两年后，成都主教再派骆书雅在白鹿镇回水村修建中修院，落成后命名为"圣母领报修院"，俗称上

天主教神甫杜昂

书院。1932 年，领报修院改名为“神哲学院”，成为当时培养高级神职人员的“传教士大学”。新中国成立后，无玷书院改建成白鹿中心小学，领报修院则颓败荒废，不过其欧式建筑的风貌还是吸引了不少前来拍摄婚纱照的新人。

在 2008 年的“5·12”地震中，白鹿镇老街建筑几乎全部被毁，新闻报道发布了白鹿镇领报修院的受灾图片后，引起社会广泛关注，也逐渐揭开了白鹿镇与天主教历史关系的神秘面纱。灾后，成都市政府牵头，在努力解决好白鹿镇受灾群众安置问题的同时，也开始筹备小镇的重建工作，希望能结合白鹿镇的西方建筑文化，在一片废墟之上打造一个全新的欧式风情街，也就是今天的法式风情小镇。白鹿中心小学的两栋教学楼本是在同一水平面，由于正好处于地震断层，地震后，背面的一座教学楼被抬高了整整 3 米，却仍屹立不倒，被称为“史上最牛教学楼”。四川美术学院和西安美术学院还以白鹿中心小学的师生为原型，在教学楼前设计建造了“天心群雕”，再现了地震当天学校的场景。从最牛教学楼出来，往白鹿老街前行，可以看到中法桥遗迹景观，中法桥没有经受住地震的考验，原双孔拱桥仅余一孔。领报

1908 年竣工时的领报修院

天心群雕局部

领报修院　汪令江　摄于 2006 年

修院虽然在地震中全部倒塌，但已重新修复，开始接待游客。白鹿镇正是以它独特的建筑风格吸引了各界的广泛关注。

领报修院与白鹿镇

今天人们到白鹿镇游玩，大多是冲着白鹿法式风情小镇的名头去的。2008 年汶川大地震后，白鹿镇经过三年时间的重建，打造出了一个具有浓浓法式风情的街区。人们不禁好奇，为什么一个地处成都平原西北部、位于群山环抱之中的偏僻小镇，会建有鳞次栉比的法式建筑。这还要从一段长达百余年的缘分说起。

据《世界三大宗教在云贵川地区传播史》记载，天主教进入四川的历史很早。远在顺治年间，清军入川后，有天主教徒便沿邛崃山、龙门山东北行进，到达崇庆、彭州、绵竹等地。四川逐渐成了巴黎外方传教会的重要传教基地，天主教会得到发展，四川本地的教徒人数也快速增长。到了清代中期，四川代牧区甚至还兼并了贵州和云南两个教区，而且培养了大批本土化神职人员。

早在清咸丰六年（公元 1856 年），四川主教马伯乐就在彭州的白鹿镇设置坐堂。同治十一年（公元 1872 年），一所专用于培养中国籍中下级神职人员的教会学校迁入了白鹿镇，同时兼并了金堂舒家湾和崇州黄家坝的两处教会修院。到了光绪二十一年（公元 1895 年），法国传教士、成都主教杜昂派谷布兰发起筹建，命任修院院长、法国传教士白历山和骆书雅共同设计修建白鹿镇的领报修院。他们筹集资金，购置田地，招募大批能工巧匠修建教堂。历时 13 年，直至 1908 年，教堂方才竣工，取名领报修院。领报修院的建筑以完美的中西合璧样式著称，最吸引人目光的便是那直冲云天的尖顶和立柱。形体整个向上延伸，动势十分强烈，直贯整个墙身的垂直线轻灵而悦动，更加强了向上的冲力，产生一种超凡脱俗、飞腾升华的效果，让人不得不惊叹。

领报修院背山面水，面前流淌的是清澈的白鹿河，整个修院占地约 1.2 万平方米，其中总体建筑面积约 7000 平方米。主体建筑呈中式四合院式，由礼拜堂、东楼、西楼、南楼和北楼组成，东楼外还设有外院，南楼、北楼的两侧则设有两个小耳房。由于地势的原因，东楼修建有三层，而西楼、南楼和北楼均为两层，采用悬山式屋顶、回廊结构。从外院沿仿西洋风格的弧梯而行，便可来到东楼的二楼，这是修院的正门。门檐上，镌刻着一排法文和一个年份，虽然饱经风霜，仍清晰可见，法文的含义正是“圣母领报修院，1908 年完工”。从东楼进入到“四合院”内部，面前便是宽阔的中庭和高耸的礼拜堂。中庭由青石板砖贴面，而礼拜堂采用了欧式风格建造，外墙是厚厚的大理石，顶上还有从法国运来的彩色玻璃，色彩斑斓。礼拜堂也叫圣母堂，建于西楼中部，远高于其他房屋，是领报修院最醒目的建筑。西楼被礼拜堂分为两部分，各有四间房，南楼和北楼则各有五间，都是两楼一底，用作教学、宿舍和办公。

领报修院的建筑将西式教堂常见的哥特式建筑风格和巴蜀民间建筑特点融为一体，既突出天主教的庄严肃穆，又将巴蜀民间建筑的实用性、舒适性纳入其中，使领报修院成为当时除平安堂天主堂以外西南地区最大的法式天主教堂。领报修院建筑群的门庭、柱沿都是采用欧洲哥特式和罗马式的半拱形风格，但是并没有使用其雕花装饰的特点。建筑的扶手、栏杆、楼梯等都是木质材料，充分吸收了中式建筑之技术，其线条、色彩、工艺都可谓十分突出。可以说领报修院的建筑是中西方建筑艺术的完美结合。

1920 年前后，领报修院全体修士和神职人员一起合影

落成后的领报修院曾是四川神职人员的摇篮，也是西南地区最重要的天主教神职人员的培养场所之一。自此，白鹿镇成了天主教教育的兴盛之地。领报修院在 1931 年以前是“中修院”，学制 5 年，主要收取从小修院毕业的成绩优秀者，设有拉丁语、历史、教规、数学、化学和物理等课程。1931 年至 1948 年为“神哲学院”，学制 6 年，为四川乃至西南地区培养高级神职人员，收取从中修院毕业的成绩优异者，开设了哲学、神学、伦理学等课程。同一时期，白鹿镇还办有小修院，即“无玷书院”，俗称下书院，学制 4 年，学生主要学习拉丁文、语法、经文、教会礼节等课程。可以说白鹿镇当时已经成为集齐初等教育至高等教育的天主教修院的重镇。从那里走出了大批天主教教徒、主教、神甫，对传播宗教文化、西方文化起到了很大的作用，对引进西方先进的科学技术做出了积极的贡献。1949 年，中华人民共和国成立之后，罗马教廷部署在中国的天主教修院和修生们都逐步撤离，1951 年领报修院完全停办，白鹿镇作为天主教教育重镇遂成为历史。领报修院因地处偏远、交通不便，更是慢慢沉寂，远离人们的视线。庆幸的是，这样的沉寂对历史遗迹起到了保护和留存的作用，在半个多世纪后，领报修院的建筑群能较为完整地呈现在人们面前，展现出那个时期重要的历史信息和遗迹，算得上是国内不可多得的宗教文化遗产，具有极高的历史价值和研究价值。

历史上领报修院也曾经历了多次灾害，损失惨重。1934 年，领报修院遇泥石流灾害，整个西楼和礼拜堂后堂被冲毁，其后没有得到修缮，礼拜堂仅存残状，西楼未再重建。2008 年 5 月 12 日，就在领报修院即将迎来建院 100 周年大庆的前夕，汶川大地震突然来袭，致使领报修院整体建筑完全倒塌。震后媒体报道了领报修院的情况，该情况得到当地政府、文物保护研究所，甚至北京古建筑文物研究所的密切关注。同时，深山中的西式建筑也深深地吸引了外界的目光，网络舆论的关注也日渐增长。自此领报修院的修复重建和再利用工作提上了日程，白鹿镇的旅游文化建设得以启动。

领报修院的灾后重建按照时下流行的古旧遗址重建方式——“修旧如旧”进行，尽可能恢复原样。由于历史久远，最初修建时法国传教士的设计图纸并没有保留下来，工作人员只有对现场进行清理之后，通过各种测量方法，结合历史文献、周围景观等绘制建筑图纸。今天我们可以看到一个完整的领报修院立于回水村中、白鹿河边。不管是建筑外观还是内部布局，都仿照了百年前的模样。不仅保留了地震后残留的部分墙体和建筑构件，还对其进行加固、完善，甚至保留了原建筑本来的色彩。如今我们在游览领报修院的时候，还能清楚地分辨出哪些是有百年高龄的建筑，哪些是“新加入的成员”，我们能深刻地认识到地震带来的伤害是多么的惨痛，更不得不惊叹当代建筑工人们高超的建筑技术和技巧。

平安桥天主堂

距离领报修院不远的白鹿镇，同样受到了地震带来的严重破坏，镇上的震后重建工作也紧锣密鼓地展开。根据先规划、后建设的原则，依托白鹿镇的天主教文化遗迹，当地政府将白鹿镇定位为中法风情小镇，并聘请法国设计师以阿尔让特伊城为范本进行设计。白鹿镇以其独特的欧式风情区别于成都周边的其他小镇，成功实现产业转型，将以药材种植为主要收入来源的产业模式转变为以旅游产业为核心的可持续发展模式。

风情街街道中，色彩鲜艳的墙面石材点缀圆拱形花窗，白色的立柱搭配彩色的屋瓦，行走其间仿若置身梦幻的欧洲街道。街道上不时出现有欧式风格的雕塑——愉快嬉戏的孩童、优雅的白鹿点缀其间，引得游客不时驻足欣赏，享受与其拍照的乐趣。顺着地势上行，一座具有浓浓中世纪欧洲风格的城堡出现在天际线上。从外观上看，城堡似以碎石建成，这就是赛赫布朗城堡。“赛赫布朗”是法语发音，意为“白鹿”。它仿照法国著名旅游景区卢瓦尔河谷的标志性建筑古城堡而建，极具文艺复兴时期奢华精致的风格，尽显神秘与优雅。穿过“古堡”，迎接游客的是宽阔的银杏广场。广场上经常举行各种演出活动，不仅吸引游客参加，连本地居民都常常放下手中的活计参与其中。

灾难虽然摧毁了房屋，却不能摧毁人们心中的家。白鹿镇的灾后重建工作使受灾群众得以最快地从伤害中走出来。震后重建不仅修复了地震带来的破坏，还实现了地方的转型、升级和发展，对于白鹿镇的居民来说，则打破了他们过去的生活方式，开启了新的生活体验。

彭县尹昌衡与成都兵变

流沙河先生曾经说“彭州有一个人最了不起，他就是尹昌衡，文武双全”，尹昌衡是彭县升平镇人，升平镇与白鹿镇距离不算太远，同属彭州辖地。因尹昌衡名气较大，在这里有必要提一提。

尹昌衡，1884 年出生，原名昌仪，字硕权，号太昭，别号止园。1911 年，大汉四川军政府成立时，尹昌衡出任军事部长。同年 12 月 8 日成都发生兵变，导致大汉四川军政府改组，尹昌衡就任大汉四川军政府都督。此后，尹昌衡安抚少城旗民，整编各路军队士兵，合并成渝军政府，成立“四川都督府”，任都督统一川政，并率领西征军平息了英国侵略者策划的西藏叛乱，为四川乃至整个西南地区的稳定立下汗马功劳。

赛赫布朗城堡

1911年，迫于帝国主义压力的清政府宣布“铁路国有”政策，将已归商办的川汉、粤汉铁路收归国有，实际上是与美、英、法、德四国银行团订立借款合同，总额为600万英镑，公开出卖川汉、粤汉铁路修筑权。四川人民极为愤慨，斥责帝国主义掠夺中国铁路、清政府卖国卖路的罪恶行径，更是发起保路运动，誓死保卫铁路修筑权。清政府不满保路运动越演越烈，下令四川总督赵尔丰抓捕保路同志会和股东会首要人物，并且封闭铁路公司和同志会。成都数万群众得知消息后，即奔赴总督衙门请愿，要求释放被捕人员。赵尔丰竟下令清兵向手无寸铁的群众开枪，造成二十余人死亡的惨剧，人称“成都血案”。保路运动由此发展到全川大规模同志军武装反清斗争的新阶段。同年11月27日，赵尔丰迫于全川高涨的革命形势，感觉大势已去，遂签订《四川独立条约》，将军政大权移交给四川咨议局，四川脱离清廷。同时，大汉四川军政府成立，蒲殿俊为正都督，朱庆澜为副都督。他们举行庆典，众多百姓来到“老皇城”军政府一同庆贺。会场内旌旗飘扬、服饰鲜明，商界、学界和各界民众到场者约数万人。各国驻成都的领事、传教士均来道贺，其中作为华西协和大学开创者之一的启尔德先生在书信里记载，参加这一典礼的外国人得到亲切的接待，招待内容有茶、点心和水果。两位都督还一同

尹昌衡接见骆书雅等外宾

接见了与会的外国访问者，并表明新政府的目标以及他们想要用和平与开明的方式管理事务的意向。

就在军政府成立后的第 11 天，即 12 月 8 日，却发生了震惊中外的“成都兵变”。关于兵变的起因有两种说法，一说是兵变发生当天，绅商们请求赵尔丰出面维持成都混乱的秩序，兵变由此被认为是赵尔丰所为；另有一种说法是三个月没有发军饷，士兵们耐心等待却只等到一个月的军饷，有士兵一怒之下开枪打死了放饷委员，接着起兵造反。军政府都督蒲殿俊、副都督朱庆澜相继逃跑，群龙无首，乱军开始在成都大街小巷打家劫舍，银库、典当铺、大商店、公馆，以及居民富户都成了他们的目标。就在此时，尹昌衡胆大敢为的性格让他不能坐视不理，他连忙赶往凤凰山，向标统周骏借 300 新军迅速平乱。他一方面派兵看守军械库防止武器被抢，另一方面派亲信军官收容散兵游勇，一周后成都社会秩序基本恢复正常。兵变平息之后，四川军政府改组，尹昌衡被推举为大汉四川军政府都督。

无论真相如何，赵尔丰都被认定必须为兵变负责，军政府在给《民立报》的文告中宣布：“清总督赵尔丰，知清朝大势已去，率其所属，拱手退让。

尹昌衡

即以赵尔丰之反复叵测，七月十五、十月十八两次为逆，害我川民，亦不过将尔丰及其党中之罪恶彰著者诛逮数人，余者毫不株连。”1911 年 12 月 21 日深夜，尹昌衡命令官兵约 2000 人包围都督府，捉拿赵尔丰。此后将其拉到明远楼下宣布其罪状，枭首示众。自此，清廷最后一任四川总督毙命成都，清廷在四川的势力悉数瓦解。

1912 年，尹昌衡在给重庆军政府的电文中说：“成渝不可以分立，虽妇人孺子，苟具有良心者，无不知之。”重庆军政府张培爵颇具大局意识，愿意促使川渝实现和平统一。自此成、渝两军政府合并，成立四川都督府，尹昌衡任都督。尹昌衡上任后，为维护成都社会秩序和外交秩序，接见了在蓉外国领事和传教士，并在涉外事务上予以方便。成都血案和成都兵变发生后，让很多外国人担忧起安全问题，他们认为“中国的革命运动有无限的好的可能性，也有严重的危险”，因此部分在成都的领事和家属想要沿江而下，去到上海或沿海地区，进而去到日本或者直接回国。由汤存心引荐，外国领事得以见到刚上任的都督尹昌衡，商讨回国护照事宜。尹昌衡此时已重组四川军政府，设外务部管理外交事宜，并马上批准发放领事与外侨的护照。为保护领事及外侨撤离时的安全，尹昌衡还专门派兵保护。

天府文化　百年成都

Tianfu Culture, A Century-old Chengdu

Chengdu 100 Year
Small town

成都百年小镇

城厢镇

将军专祠 书院留香

悠久的历史孕育了城厢镇的山山水水，也造就了小镇丰富独特的人文景观与社会文化形态。城厢镇保存了成都周边仅有的县治格局，县衙、城墙、护城河、文庙、武庙及书院等配置完备，堪称一绝。

城厢古镇 源远流长

青白江区城厢镇位于成都市东北部，距成都市区约31公里。东接金堂县杨柳镇、青白江区姚渡镇，南与原日新镇隔毗河相望，西与祥福镇、大同镇接壤，北与金堂清江镇相邻。地属川西平原、都江堰自流灌区，地形平坦、风貌独特，唐巴路、城太路、达成铁路穿镇而过。

城厢镇至今保存着由汉代至民国时期丰富的历史文化遗存，拥有3处历史文化街区、6处省级文保单位、5个历史建筑、31处传统民居及宗祠院落，格局形态完整而精致。镇内古建筑林立，著名的家珍专祠、寿佛寺、明教寺觉皇殿、文庙、武庙、绣川书院、县衙及三清观均展示出城厢镇在社会、文化、宗教等方面的历史发展脉络。

城厢镇有1400余年县治历史，据史料记载，早在西魏废帝二年（公元553年），金渊郡所属的白牟县治就设在今天的城厢镇。北周时废金渊郡及白牟县，城厢镇成为金渊县辖地。唐高宗咸亨二年（公元671年），白牟旧

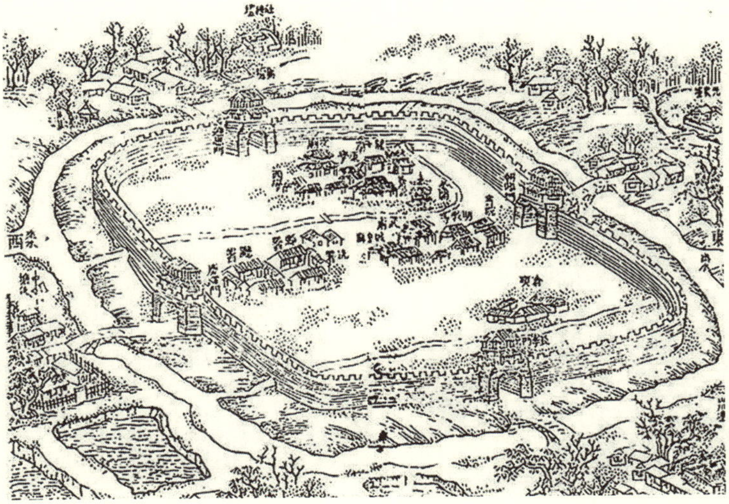

城厢镇古时格局图

治归金堂县管辖。宋仁宗嘉祐二年（公元 1057 年），为避水患将金堂治所由赵镇迁来，并以县名代其镇名，统称金堂。此后约 900 年，城厢镇历经元朝、明朝、清朝及中华民国，一直为金堂县治所在。至 1940 年，新县制实施，将其更名为城厢镇，“城厢”即指靠近城的地区，亦泛指城市。《明史·食货志一》说得很清楚：“在城曰坊，近城曰厢。”1981 年，城厢镇划归青白江区管辖。

历经 1400 多年的变迁，城厢镇这块宝地，风景毓秀、文化灿烂、文风鼎盛、名人辈出，小镇走出了宋代理学家谢湜、谢潜；锦江书院第三任山长张晋生；被孙中山先生追赠为“陆军大将军”的彭家珍烈士；新中国土壤肥料科学家彭家元以及传统文化推广者流沙河先生。不仅如此，城厢镇还是成都周边唯一保存了“龟背”县治格局的小镇，至今保留城池形制，四街三十二巷肌理清晰，市井生活氛围浓厚。在古镇西街上，陈氏宗祠、金堂县衙依然留存。灰墙青瓦房里，老人们围坐在古韵十足的茶馆里品着三花，抽着叶子烟，享受着川西坝子的悠闲生活。

寿佛寺 于玉 摄于 2017 年

家珍祠与辛亥义士彭家珍

彭家珍生于 1888 年，1912 年去世，字席儒，城厢镇人。彭家珍祖上在湖广填四川时从湖南迁入，世代为农。其父彭世勋为清末秀才，以塾师为业，醉心于维新运动，主张实业救国，于 1900 年赴成都尊经书院任教。彭家珍自幼聪慧，4 岁时就能熟记《孝经》《正气歌》。8 岁后，父亲便授以西方近代科学，对他有重要的启蒙作用。1903 年，15 岁的彭家珍考入成都武备学堂，希冀用军事振兴国家民族。读书期间，他深入阅读了邹容、陈天华等人的《革命家》《警世钟》等书，使他明确了革命的目标和必要的革命手段。三年后彭家珍从武备学堂毕业，经推荐被派赴日本考察军事，在日本他和同乡武备生一起秘密加入同盟会，并得到孙中山的亲自接见。从日本回国后，彭家珍被分配到四川高等军事研究所实习，又被派往清新军第三十三协六十六标一营左队任排长，驻成都凤凰山。

1907 年，同盟会在川的骨干分子汇集成都密谋起义，一切布置就绪，却遭到奸细告密。军阀赵尔丰下令全城戒严，并调新军入城搜捕革命党人。彭家珍得知消息后，立即设法通知革命党人，掩护他们转移，保存了四川同盟会的有生力量。事后，他被当局列为怀疑对象，但他仍能机智沉着地应对。

1909 年，他调回原标任左队队官。为了更好地进行革命活动，彭家珍应原武备学堂老师张蓬山之邀赴云南工作，任第十九镇随营学堂管带兼教官，半年后随营学堂撤销，彭家珍也随之失业。

失业后的彭家珍听闻东北革命氛围尚好，于 1910 年抵达沈阳，却无业可就，路费用尽，困居旅馆。幸得同盟会成员刘介藩介绍，彭家珍得以出任奉天讲武堂附属学兵营前队队官，他借机吸收革命党人入队，发展学员加入同盟会，进入部队基层官兵中宣传革命，发展组织，筹备起义。1911 年四川保路运动爆发，彭家珍趁学兵营撤销之际，去北京了解情况。为了更好地为全国大起义做准备，他从清廷军谘府要人处谋得八行书推荐，返回沈阳后赵尔巽委派他为天津兵站副官长、代理标统。同年 10 月下旬清廷从欧洲购得大批军火经京奉路南运长江前线，彭家珍被委派为主要押运人员之一。他与二十镇驻滦州军官施从云、王金铭秘密联络，促成该镇统制张绍曾下令在列车过滦州时予以截留。时清军南方前线急需枪弹，此举使统帅袁世凯及清廷

彭家珍烈士雕塑　徐艺心　摄于 2017 年

彭大将军专祠　徐艺心　摄于 2017 年

绣川书院　于玉　摄于 2017 年

大为惶恐。此外，彭家珍还拿出大量军用车票供京津党人使用。后因筹措起义，挪出一批枪支、军马、军粮及资金后被发觉，使得清陆军下令通缉。彭家珍只得化名出走，仍来往于京、津、奉、滦、沪、宁之间，联络起义、制运炸弹。其后他在上海得到孙中山接见，备受鼓舞，出任四川同盟会党人旅沪支部军事部副部长，积极参加筹组北伐蜀军，被推为蜀军副总司令。他婉谢各方邀请，毅然决定回北方深入敌后，只领受了江苏都督程德全委派的北方招讨使，以便策反。回津后，任京津同盟会军事部部长，对军事部进行整顿。

1912年1月1日，中华民国临时政府在南京成立，孙中山出任临时大总统，但清王朝以良弼为首的顽固派不甘失败，组织“宗社党”反抗革命。良弼为总揽文武内外事宜之全权大臣，他坚决反对与革命政府议和，强烈要求隆裕太后坚持君主政权，拟集结十万清军与革命军决一死战。彭家珍等人认为良弼是宗社党的首领，袁世凯则手握北洋重兵窥视观望，欲乘机篡夺革命政权，故而形成南北对峙局面；另外北方革命之所以不能很快发展，主要是敌人力量太强大，只有去其首恶以杀其势，先诛杀阻碍革命的死敌才行。由是京津同盟会专设北方暗杀部，由彭家珍等人领导，做出先诛除清廷内阁总理大臣袁世凯、军谘使良弼、宗社党骨干载泽三人的行刺计划。然而刺杀行动并不顺利，几次行动均未成功。1月6日炸袁世凯未成，百余人被捕，三人牺牲，袁遂闭门不出，警卫森严，不便再行刺。彭家珍只觉形势危迫，而同盟会内部组织松散，在此成败之机，他作为京津同盟会暗杀部部长，决定舍身前往刺杀良弼。刺杀行动付诸实施前，彭家珍在“绝命书”中写道，入同盟会以来“未见大效”，“良弼不除，共和必难成，则后生灵涂炭，何堪设想乎？今除良弼之心已决”，“共和成，虽死亦荣。共和不成，虽生亦辱。与其生受辱，不如死得荣”，“不杀此人，共和绝望也。良弼虽力，我独当之”，足以看出他的决心。

1月26日，彭家珍持良弼在沈阳的心腹崇恭的名片到红罗厂新宅求见，良弼至即自报崇恭求见。良弼闻声伸腿下车，见来人身材不如崇恭高大，惊呼一声，却只见彭家珍快速掷出炸弹一枚，良弼应声倒地，左腿当即被炸断。不幸的是一块弹片击中了彭家珍的头部，他当场壮烈牺牲。两天以后，良弼死去，同时殒命的还有良弼卫兵八人、马弁一人。据传，良弼临死前哀叹：“杀我者，好英雄也，真知我也。”“我死，大清亦随之亡也。”这就是载入史册的“红罗厂事件”。半个多月后，清宣统帝下诏宣布退位，中国几千年的封建专制统治也随之终结，从此中国的历史翻开了新的一页。孙中山称赞彭家珍“诛除大憝以收统一速效之功”，给予他“我老彭收功弹丸”的高度评价，并为其题词。

如今，在城厢镇家珍公园金刚池畔，坐落着蜚声海内外的彭大将军专祠。1912 年彭家珍舍生取义，为辛亥革命胜利立下赫赫战功后，孙中山就追授他为大将军，并下令修建彭大将军专祠，当时由于无款未建。至 1938 年始建彭大将军专祠，由张群个人捐赠银币 3000 元修建平房两排，其中陈列室 200 平方米，纪念碑一座，张群题门额“彭大将军专祠”，张群是四川省华阳县人，国民党早期人物之一，曾参与辛亥革命、二次革命、护法运动等。1953 年中央人民政府主席毛泽东签发了彭家珍革命烈士光荣纪念证。1980 年彭大将军专祠被列为四川省文物保护单位，同时建立彭家珍大将军专祠文管所。1984 年以来，省、市、区政府和文物部门多次拨款，新建了彭大将军专祠大门、纪念堂、碑廊、墓园等，纪念堂内陈列有彭家珍的史料、文献、照片、遗物和书刊等 300 余件，以及孙中山令陆军部追恤彭家珍为陆军大将军文的木制屏风一座、毛泽东签发彭家珍烈士光荣纪念证的木制屏风一座。纪念堂四周悬挂有孙中山、章太炎、蒋介石、于右任及冯玉祥等人题赠的 12 道金字匾额。1993 年，彭大将军专祠被认定为成都市爱国主义教育基地。

绣川书院 蔚起人文

城厢中学源头可追溯至北宋的金堂书院，迄今已有一千余年的历史。书院作为一种特殊的教育组织，是中国历史文化的瑰宝。据考证，书院萌芽于唐，完备于宋，废止于清。千余年来，为国家培养了大批人才，是教育与文化发展的重要阵地。书院最早是地方教育组织，由富商、学者自行筹款建立，用以聚徒讲授、研究学问，后由朝廷赐敕额、书籍，并委派教官、调拨田亩和经费等，逐渐收归国有。

绣川书院，原名金堂书院，位于城厢镇东街，占地面积 5000 多平方米，建筑面积约 2000 平方米，是四川省现存最为完好的古代县一级最高学府。据《金堂县志》记载：“北宋大中祥符五年（公元 1012 年），任命怀安军鹿鸣山人黄敏为本军助教，掌管白神山书院，此为金堂有书院之始。”康熙五十九年（公元 1720 年），知县陈舜明捐建书院于城东，临清池、面高峰，前为讲堂，后为寝室，称金堂书院。乾隆十六年（公元 1751 年），知县张南瑛扩建书院，因书院附近有绣川河围绕，遂将金堂书院更名为绣川书院。此后，绣川书院经知县饶学曦、谢帷杰两次维修和增建。1905 年，清廷下诏“立停科举以广学校”，绣川书院改为金堂县立小学堂。1927 年，金堂县立中学，即城厢中学成立，校址依然在绣川书院处。

绣川书院作为金堂县历史上修建最早、规模最大、藏书最多的一所书院，

明教寺觉皇殿

在近千年的历史中，无数名家大儒在这里兴学授业，历任院长皆为博学之士，如清末著名学者、“蜀中三才”之一的李调元，“戊戌变法六君子”之一的刘光第，清代四川唯一的状元骆成骧等都曾在此讲学。此外，绣川书院人才辈出，《全宋诗》精选的作者黄中庸、理学家谢湜、文史学家张晋生、辛亥革命功臣彭家珍、哲学家贺麟以及著名作家流沙河等都曾在此求学。如今绣川书院已不再办学，仅仅作为昔日书院的遗址而存在。但书院中门之上“博学多能养成佳士，依仁游艺勉作通儒”的楹联、保存着清代风貌的院落，以及那些青瓦屋面、花格门窗、庭院中郁郁葱葱的花木，依然向人们讲述着它千年的历史与传奇。

城厢镇另一处遗迹明教寺觉皇殿也曾作为城厢中学的办学场所。据宋碑记载，明教寺初建于南朝齐梁间。唐懿宗咸通九年（公元 868 年），佛教净土宗高僧募化建成丛林寺院，行远有功，赐号净土，寺庙也称为净土寺。宋大中祥符四年（公元 1011 年），明教在此发展，遂将寺名更作明教寺，为当时川西佛教第一大丛林。宋末元初，明教寺毁于兵灾。其后有高僧文雄在原址重建，仅有原规模的四分之一。元明清三朝寺庙一带逐渐被占为民居，规模进一步缩小，现仅存觉皇殿。

觉皇殿现存城厢中学旧址内，占地 407 平方米，木结构，风火墙面，为明教寺正殿，殿内有毗卢遮那大佛，造型雄伟，佛像庄严。另外，铸有万历字样的净土晨钟依然悬挂在钟楼上。1931 年，驻军旅长杨秀春扩建城厢中学教学楼，在教学楼与明教寺之间修建了一条狭长的通道，拆除了明教寺山门的哼哈二将，将明教寺山门改建成西式校门。明教寺的净土晨钟则成为伴随学子们早读晚诵的上下课钟声。

城厢镇内现存的文庙与武庙也是城厢镇历来重视教育的最好证明，武庙还曾作为城厢中学的校舍使用。与成都平原的其他古镇不同，历史上城厢镇作为金堂县城 800 余年，因此保存着形制完整的文庙与武庙。文庙是纪念和祭祀我国伟大思想家、政治家、教育家孔子的祠庙，在历代王朝更迭中又被称作夫子庙、至圣庙、先师庙、先圣庙、文宣王庙。文庙是时代政治、经济、文化的产物，更是地方人文历史荟萃的代表和象征。城厢镇文庙坐南朝北，位于今城厢镇粮站内。据史料记载，北宋时期四川地区物阜民丰、人文蔚起。宋嘉祐二年（公元 1057 年），始建文庙，几毁几修，足足经历八次修缮与扩建。城厢镇文庙为左庙右学形制，其建筑群落由大成殿、启圣殿、前厅、乡贤祠、名宦祠、忠义孝悌祠、节孝祠、明伦堂、教谕训导署、藏书楼以及文昌宫等构成。大成殿内悬“万世师表”等四块御书匾额，中设“至圣先师”孔子牌位。由西而东依次为颜渊、曾参、子思、孟轲和闵子骞、冉伯牛、冉雍、冉有、子路、宰予、子贡、子游、子夏、有若、子张、朱嘉牌位。后殿崇圣祠祀孔子父母以上五代祖先牌位。此外，位于戟门左侧乡贤祠供奉本地在历史上地位显赫且贡献杰出的人物，如宋代进士、理学家谢湜、谢潜弟兄的牌位就供

城厢镇武庙

城厢中学老校门　于玉　摄于 2017 年

奉于此。清末至民国，文庙附属建筑先后改设劝学所、国民小学、女子小学等。新中国成立以后，文庙改为仓库，现仅存大成殿、后殿、崇圣祠、前厅和厢房。

武庙全称武成王庙，又称武成庙，用于祭祀姜太公以及历代良将。清朝时称供奉关羽的关公庙为武庙，民国时，合祀关羽、岳飞的关岳庙也叫武庙，同文庙相对。城厢镇武庙位于古城中轴线的左侧，与文庙毗邻而建，供奉的是“红脸关羽”。据记载，武庙始建于清乾隆六年（公元 1741 年），原址位于城厢镇东北文昌宫后。嘉庆十三年（公元 1808 年），在时任金堂知县谢惟杰的主持下，武庙迁到忠烈祠街，即今城厢中学内。武庙坐北面南，庙制为正殿三楹，东西廊各十楹。殿前为月台，台下为拜次，再次为仪门，仪门外各有一对大石狮，石狮于 1978 年被运往成都王建墓大门前。门外为彩台，两旁为东西辕门。武庙现仅存正殿三间，为重檐歇山式，抬梁斗拱五铺作，宽 18 米、深 14 米、高 12 米。新中国成立之前为铭义中学师生宿舍，新中国成立之后曾为城厢中学使用。

1981 年城厢镇文庙、武庙被列为成都市市级文物保护单位；2013 年被正式列为四川省重点文物保护单位。历史上，文庙、武庙都是地方人文历史的象征，一定程度上代表着这个时代的政治、经济与文化水平。一座城市同时存有较完整的文庙、武庙被史学家称之为“双魁”，历史上“双魁”现象

赵君陶与李鹏（右一）、李琼在成都合影

赵君陶与即将赴延安的李鹏在重庆红岩村八路军办事处合影

非常少见。众所周知，古代中国文人的地位一直高于武将，直至清朝关羽被尊为武圣，与孔子并列。实际上，由于古代的社会治理模式和人民群众对知识的尊崇，关羽在民间受尊敬程度还是低于孔子。但是，据《华阳县志》城厢文武庙的手工绘图可以看出武庙的高度和面积与文庙相比，皆略胜一筹。古代封建社会等级观念浓厚，对建筑的形制特别讲究，为何会出现城厢文武庙这种情况呢？这也成为城厢镇留下的历史传奇之一。

说起城厢中学，不得不提及一个人，她就是革命教育家赵君陶，她曾在城厢中学工作，宣扬进步思想，引导一批学生加入中国共产党，走上正确的革命道路。赵君陶原名赵世萱，1902 年出生于四川酉阳县。她的五哥赵世炎是中国共产党早期的领导人之一，是马克思主义在中国的传播者，是工人运动的领袖。兄妹两人自幼一起成长，赵世炎成了赵君陶的启蒙老师，教她识文断句、背诵诗词，向她介绍反帝反封建，求民主、爱科学的思想，带领她参加爱国学生运动，引导她信仰共产主义，加入中国共产党，走上革命的征途。

1925 年，赵君陶与丈夫李硕勋相识于杭州西子湖畔，后共同就读于大革命时期中国共产党干部培养的摇篮——上海大学社会系。李硕勋担任学生领袖，赵君陶则认真攻读革命理论，两人共同进步，婚后两人战斗在各自的革命岗位上。 大革命开始后，夫妻二人转战到当时革命的中心武汉。李硕勋投笔从戎，在号称“北伐先锋铁军”的叶挺部队担任师政治部主任，赵君陶则担任湖北妇女协会宣传部部长，动员妇女支援北伐铁军。1927 年，李硕勋参加了八一南昌起义，赵君陶也紧随其后。起义失败后，两人在上海转做地下工作，李硕勋担任中央军委委员、江南省军委书记，赵君陶则担任中央妇委的秘书。白色恐怖之下，党的工作者随时都有丧命的危险，李硕勋、赵君陶多次遇险，但二人配合默契、沉着应对，既保护了自己，也保护了同志们和地下党机关的安全。1931 年李硕勋奉党中央命令去往南方，担任两广军委书记。同年，李硕勋到海南岛召开军事会议时，不幸被捕入狱。虽遭受严刑拷打，他仍英勇不屈，于 1931 年 9 月 16 日在海口从容就义。

痛失爱人的赵君陶化悲痛为动力，遵照党中央指示于 1932 年到成都以教师身份开展党的地下工作。1936 年秋，经地下党员姜玉芝介绍，赵君陶化名进入城厢中学女生部担任训育主任。《城厢中学校志》记载，赵君陶在城厢中学工作期间，积极传播进步思想、宣传马列主义与抗日救亡运动，向师生们系统地讲解历史唯物主义认识论，带领学生系统学习邹韬奋先生主办的

赵君陶、李硕勋夫妇

《生活周刊》《大众生活》等进步书刊与作品，引导进步学生关心时局的发展变化。通过她的不懈努力，部分学生声明退出青年党，并在毕业后奔赴延安，加入中国共产党，成为民主革命的有生力量。曾任中华人民共和国国务院总理的李鹏，是赵君陶的小儿子，他曾这样评价他的母亲："我的母亲赵君陶的一生是平凡的一生，是革命的一生，是从事教育事业的一生。她没有做过什么轰轰烈烈的大事，也没有特别的功绩。她淡泊名利，从不计较个人得失，但她的一生却为党和国家培养出一批又一批有用的人才。"

城厢镇，这个位于成都通往川北交通要道上的小镇，从宋代到新中国成立初期都是金堂县县城所在。因此，历来被视为政治军事要地。为抗击外来侵略，解放劳苦大众，取得民族革命和民主革命的最终胜利，从"大革命"开始，中共地下党团组织、党团员们就在这里展开了长期、重要而艰苦卓绝的革命活动与斗争，而城厢中学作为知识分子和青年学生的聚集地，在这个过程中发挥了巨大的作用。1949 年 12 月，随着成都的解放，金堂县立中学、县立女中、县立师范改组为金堂县立联合学校。1981 年改校名为成都市城厢中学校。2008 年，受汶川地震影响，城厢中学异地重建，现在的城厢中学位于城厢镇绣川河社区。

西街记忆与流沙河

城厢镇西街长约 300 米，是小镇保存最完整的一条街道，承载着城厢镇

西街老照片

金堂县衙　于玉　摄于 2017 年

古老的历史记忆。西街两侧分布着四条街巷，分别是西城边街、槐树街、坚强巷和上寿巷。从西街牌坊进入，笔直的街道向外延伸，干净平整的青石板路有七八米宽。这些老街巷最大限度地保留了老街原有的民居，几十年仿佛没怎么变过，悠长曲折的老巷子孕育了许许多多的杰出人物。街道两旁，房屋青瓦白墙、店铺鳞次栉比。这些店铺依然使用着传统的铺板门，店铺格局仍是前铺后舍或前店后坊。街中老茶铺、老饭馆是当地老人们时常光顾的地方，他们随意地在藤椅里坐着，谈笑间满溢着浓浓的市井气息。

顺街而行，老金堂县衙、陈氏宗祠、三清观等古建筑依次可见。金堂县衙旧址位于西街口，坐北朝南，大门呈灰色，上书“金堂县县政府”。整体建筑结构宏大，工艺精美。直到民国时期，这里还是金堂县政府所在地，政府各职能办事机构均设置于此。县衙内设有视事问案的“厅事”三间，两侧的房屋分别是各部门的办公室、茶房以及收发室。厅事东侧为衙神、土地祠，穿过厅事即为二堂，二堂左为库房，右为花厅，用于接待宾僚，且设有留宿客人的环舍室。从二堂往后便是三堂、四堂，皆为知县休息场所，厨房、浴室一应俱全。20 世纪 60 年代后，县衙主体建筑逐步消失，现仅存大门、告示栏和护衙墙。

陈氏宗祠原名旭高祠，始建于清乾隆六年（公元 1741 年），距今已有 200 余年历史。明末清初，天灾、瘟疫接踵而至，作为兵家必争之地的成都

陈氏宗祠 徐艺心 摄于 2017 年

成为各方争夺的焦点，天府之国兵荒马乱、民不聊生、人口锐减。为恢复和发展天府之国的经济，康熙三十三年（公元1694年）正月初七，康熙帝颁布《招民填川诏》，采取各种措施，给予优惠政策，鼓励湖南、湖北、广东等外省民众入川垦荒，这就是历史上著名的“湖广填四川”。移民的大量迁入，不仅增加了人口和劳动力，开垦了荒地，恢复了地方经济，而且带来了丰富的生产技术和多种多样的文化，“祠堂文化”正是在这个时候建立起来。在祠堂文化的极盛期，城厢镇共有祠堂38座，现存规模较大、等级较高的当属“陈氏宗祠”。

陈氏家族祖籍福建漳州，在宋代曾受封为“义门之家”，迁入四川后成为金堂县境内第一大姓。陈氏宗祠建筑具有典型的清代客家风格，瓦木做工讲究，整个院落呈长方形平面布局，面阔45米，深60米。祠堂原分左右两院，右院共三进，二堂二厅三天井，两侧分别为厢房和回廊。祠堂入口为卷棚式，两侧有风火墙夹隔。整个祠堂为穿斗式与台梁式结构，共有大小房屋46间，高大敞亮。小青瓦屋面，风火墙泥塑考究，外墙中央有蝙蝠云彩，两端有麒麟泥塑，屋脊、翘角做工细致，极具留存价值。门梁及门窗上雕刻着栩栩如生的精美图案，这些镏金的人物、花草、动物图案虽历经百年，色彩依然鲜艳。梁上还雕有当年陈氏家族的家训。新中国成立后，陈氏宗祠一直被用作青白江区中药材公司的仓库，直到2005年陈氏后人筹资购买并精心整修，后经族中代表商议讨论，决定将其更名为“陈氏宗祠”，于2006年正式挂匾，供游人参观。2007年，四川省人民政府将“陈氏宗祠”定为省级文物保护单位。

重新修缮的三清观位于西街136号，由原城厢镇南街三清观迁建，其建筑原址为“灵官庙”。中国各地的道教殿堂多称为“三清观”，“三清”即道教体系中地位最高的三位尊神——元始天尊玉清、灵宝天尊上清、道德天尊太清。坊间关于三清观的建置有多种说法，第一种是三清观始建于唐朝，前有灵官殿，塑有灵官三尊；中有斗母殿，塑斗母娘娘；后有三清殿，塑有三清祖师。三殿呈东西向，两边有十二金仙，共有房屋63间。第二种说法是三清观位于南街，雍正时期道士姚来亨筹建，新中国成立初期，相关部门将原灵观庙改为“三清观”。最后一种说法则是这座历经400年风雨的道观由当时城厢镇富豪出资修建，占地近1000平方米。

现有的三清观建筑面积1426平方米，遗存房屋以近现代民居建筑风格为主，被列为“城厢八景”之一。修葺一新的山门矗立在街道一侧，高约10米，飞檐斗拱，造型华丽，门额上“三清观”几个大字清秀隽永。道观内还有400余年历史的万年台，屋顶陡斜，檐角飞翘。宽敞的庭院里供奉着慈航普度妙相庄严的三清菩萨。

三清观　于玉　摄于2017年

流沙河先生传统文化讲座现场　方正　摄于 2016 年

西街不仅有形态各异的古建筑遗存，还与成都的一位名人有着不解之缘，他便是著名的传统文化推广者流沙河先生，1935 年先生曾迁回城厢镇槐树街老家居住过一段时间。流沙河原名余勋坦，四川金堂人，当代诗人，训诂学者，传统文化推广者。“流沙河”中的“流沙”二字，取自《尚书·禹贡》东至于海，西至于流沙，因中国人名惯用三字，所以以“河”复补。先生于 1931 年 11 月 11 日在成都出生，2019 年 11 月 23 日病逝。

流沙河先生自幼习古文，1938 年入小学，1944 年入金堂私立崇正中学，学堂里学习的都是古文篇章，且所有文章皆用文言文。课余时，流沙河还跟随前清秀才黄捷之学习《诗经》《论语》《左传》等，为日后的文学创作打下了坚实的基础。1947 年流沙河入省立成都中学高中部，转习新文学，翌年在《西方日报》发表第一篇短篇小说《折扣》。1949 年加入青年文艺社，在各类报刊上发表文章十多篇，同年先生考入四川大学农业化学系。1952 年先生任职于四川省文联，历任创作员、《四川群众》编辑、《星星》编辑。自 1985 年起，先生开始专职写作，先后出版了《锯齿啮痕录》《独唱》《台湾中年诗人十二家》《流沙河随笔》《流沙河诗话》《故园别》《游踪》《庄子现代版》《Y 先生语录》等多部著作。

如果说20世纪90年代以前的先生是诗人，那么先生晚年却是实实在在的“文字工作者”、兢兢业业的传统文化传播者与守护人。《南方人物周刊》专访文章中这样写道：“流沙河的人生在18岁那年被分为两截，前半截属于旧社会，后半截则颇为波折：50年代初露锋芒的青年诗人，无产阶级文艺工作者；80年代的明星诗人、作家；今天的训诂学者，传统文化的推广者和辩护人。”近二十年来，先生把大部分精力倾注于古文字研究，埋首于甲骨文、金文和篆文之中，津津有味地探究着每个汉字背后属于“自己的故事”，并陆续完成《白鱼解字》《文字侦探》《诗经现场》《正体字回家》等文字文化研究方面的著作。流沙河先生的忘年交、青年作家冉云飞认为：“他真正有价值的，是80年代之后一系列文化、文字研究的著作，包括《庄子现代版》，他写的随笔，以及这十来年的《白鱼解字》《文字侦探》《流沙河认字》。”

作为中国传统知识分子，先生在耄耋之年仍将“文化”作为自己的信仰和使命，以弘扬优秀传统文化为己任。从2009年开始，先生定期都会到成都市图书馆做一次传统经典的讲座，从《庄子》讲到《诗经》，从汉魏六朝诗歌再到唐诗。先生曾说：“我讲的这些个，就是过去一个读书人应该懂的，最起码的文化常识和素养。”“我把这个当作我的义务，我的责任。”先生认为文字是中华文化最根本的源头，学习文字，这才是爱国主义，我们每个人内心深处，都应该保留一点本民族的东西，那个才是我们的灵魂。多少年来，先生一直致力于优秀传统文化的传播，就如同著名作家蒋蓝所写的那样：“有一条流沙河，载满了岁月的金沙。”

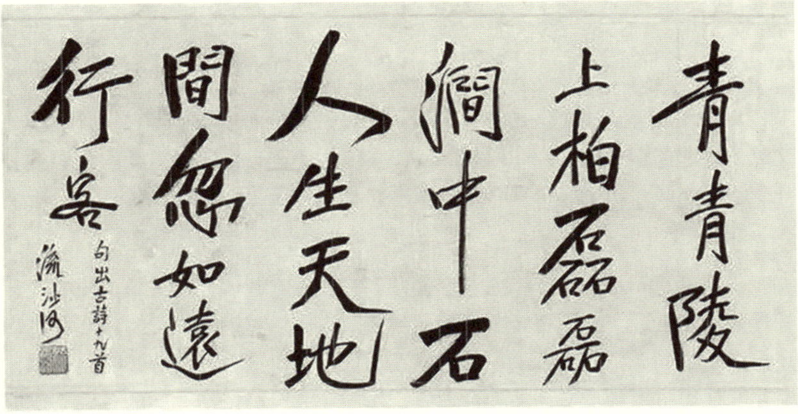

流沙河先生书法作品

后记

成都是一座历史悠久的文化名城，不仅市区分布着不少耳熟能详的历史文化古迹，辖区内还有可考古镇220余座，其中不乏自汉唐建镇者，典故悠久，建筑独特，风景旖旎，一些古镇的风貌格局保留至今，与市区的人文景观交相辉映。

《成都百年小镇》一书通过追溯成都几座具有代表性的古镇历史文化，梳理其历史变迁，挖掘百年来古镇的精彩故事，通过描述人文地理环境、讲述历史故事、介绍典型人物和事件以及考证生活史细节，将成都古镇风貌、文化变迁等古镇历史文化及当今现状，用图文并茂、生动有趣的方式呈现给读者朋友们。

两年来，编写组流连小镇街巷、收集文史资料、上门询访居民。抚今追昔，感叹天府之国历史景观悠久雄浑、豪杰名流涌现、精彩故事纷呈，编撰百年小镇一书以为抒怀。希望读者通过阅读本书，能够了解成都小镇的来历，回味细思小镇近百年的历史变迁和文化融合，赏析品鉴小镇的人文与自然景观特色，感受成都古镇蕴涵的文化底蕴，了解和珍惜成都的历史生态，增添一份对天府文化的感知和认同。

《成都百年小镇》一书是在成都市文化体制改革和文化产业发展领导小组办公室领导以及“天府文化·百年成都”丛书组委会指导下，在汪令江主持完成前期策划、调研、采访和编写提纲的基础上，由邱果统筹协调组织编写组撰写，书稿经过数次修改完善，最终定稿。其中，新繁镇由蔡振雄撰写；五凤溪镇、洛带镇由林玲撰写；安仁镇、悦来镇、城厢镇由于玉撰写；街子镇、临邛镇由徐艺心撰写；白鹿镇由甘露撰写。全书统稿校对工作由徐艺心完成。

当然，本书的完成离不开许多单位以及个人的热心帮助，并无偿提供材料，没有他们的帮助，本书会失色许多。在我们考察、采访和收集材料的过程中，四川省文史委、成都市地志办、成都市档案馆、五凤溪党委政府、成都文化旅游发展集团、青白江区城厢中学、洛带及五凤溪游客中心以及各镇文化站等单位提供了大力支持；同时，洛带客家研究院张亚娟，客家老人刘大益，龙泉摄影协会金仕廉，五凤溪党委副书记陈锐，金凤村村支书贺光泽，五凤镇文化办李德富、李刚明，金堂摄影协会吴顺益等前辈、老师以及各镇的居民们提供了大力支持与帮助，在此致以最诚挚的谢意！另外书中的一些图片暂未找到原作者，烦请与编写组联系沟通。

由于材料林林总总，历史跨度大，加之时间紧迫，难免有不足之处，对此我们深表歉意，恳请读者批评指正，以望今后进一步修订与完善。

《成都百年小镇》编写组

2019 年 10 月

参考文献

新繁镇

[1] 艾芜．南行记 [M]. 上海：文化生活出版社 ,1935.

[2] 艾芜．艾芜短篇小说集 [M]. 北京：人民文学出版社 ,1953.

[3] 陈应鸾．临汉隐居诗话校注 [M]. 成都：巴蜀书社 ,2001.

[4] 成都市新都区地方志编纂委员会．成都市新都区志 1986-2005[M]. 北京：方志出版社 ,2018.

[5] 丁晓平．五四运动画传 历史的现场和真相 [M]. 北京：人民出版社 ,2019.

[6] 冯骥才．城市个性的消失 [J]. 建筑与文化 ,2005(12):106.

[7] 傅璇琮．李德裕年谱 [M]. 石家庄：河北教育出版社 ,2001.

[8]（晋）常璩．华阳国志 [M]. 济南：齐鲁书社 ,2010.

[9] 刘心声．艾芜、沙汀幽禁在昭觉寺的时候 [J]. 龙门阵 ,1988(3):29-36.

[10] 鲁迅．呐喊 [M]. 北京：北新书局 ,1926.

[11] 鲁迅著 , 陈琼芝、姚锡佩校注．新版鲁迅杂文集 三闲集 二心集 南腔北调集 [M]. 杭州：浙江人民出版社 ,2002.

[12] 彭明．五四运动史 [M]. 北京：人民出版社 ,2019.

[13]（唐）李德裕．会昌一品集 [M]. 上海：上海古籍出版社 ,1994.

[14] 王毅 , 王书婷．艾芜画传 [M]. 成都：四川人民出版社 ,2010.

[15] 王跃 , 马骥 , 雷文景．成都百年百人 [M]. 成都：四川人民出版社 ,2008.

[16] 吴昌棣 . 谈谈吴虞的晚年 [J]. 龙门阵 ,1988(3):50–53.

[17] 吴虞 . 吃人与礼教 [J]. 中国近代史参考资料 ,1984(7):362–365.

[18] 吴虞 . 吴虞文录 [M]. 合肥：黄山书社 ,2008.

[19]（五代）孙光宪撰，贾二强点校 . 北梦琐言 [M]. 北京：中华书局 ,2002.

[20] 向朝伦 .248 年繁江书院再续辉煌 [N]. 四川日报 ,2012–04–18.

[21] 杨武能，邱沛篁 . 成都大词典 [M]. 成都：四川辞书出版社 ,1995.

[22] 应金华，樊丙庚 . 四川历史文化名城 [M]. 成都：四川人民出版社 ,2000.

[23] 袁珂 . 中国古代神话 [M]. 上海：商务印书馆 ,1950.

[24] 袁珂 . 袁珂电影文学剧本 嫦娥奔月 [M]. 北京联合出版公司 ,2015.

[25] 张永 . 民俗学与中国现代乡土小说 [M]. 上海：上海三联书店 ,2010.

五凤镇

[1] 北来 . 百年火车 [M]. 北京：中国铁道出版社 ,2014.

[2] 杜小安 . 贺麟 [M]. 昆明：云南教育出版社 ,2009.

[3] 封面新闻 . 金堂五凤溪火车站往事 [EB/OL].https://baijiahao.baidu.com/s?id=1614560905601488292&wfr=spider&for=pc,2018–10–17.

[4] 宋吉鑫编 . 邓小平的故事 [M]. 沈阳：辽宁人民出版社 ,2012.

洛带镇

[1] 罗香林．客家源流考 [M]. 北京：中国华侨出版公司 ,1989.

[2] 罗香林．客家研究导论 [M]. 上海：上海文艺出版社，1992.

[3] 郄远春．成都客家话研究 [M]. 北京：中国社会科学出版社 ,2012.

[4] 王森．我所知道的王叔岷先生——在“纪念王叔岷先生百年华诞研讨会”上的视频致辞．四川省人民政府文史研究馆，蜀学研究中心主办．蜀学第 9 辑 [M]. 成都：巴蜀书社 ,2015.

[5] 王维明．凌波文集 [M]. 成都：巴蜀书社 ,2001.

[6] 魏邦良．长河文丛 大师课徒 [M]. 北京：九州出版社 ,2016.

[7] 肖平．洛带 [M]. 成都：成都地图出版社 ,2002.

[8] 肖平．东山客家 [M]. 成都：成都时代出版社 ,2005.

[9] 肖平 , 肖又尺．客家人 [M]. 成都：四川出版集团・天地出版社 ,2013.

[10] 谢桃坊．王叔岷与中国历史语言学派．西华大学，四川省文史研究馆，蜀学研究中心主办．蜀学第 8 辑 [M]. 成都：巴蜀书社 ,2014.

[11] 姚云书 , 胡开全．“洛带”古镇得名考证 [J]. 四川客家通讯 ,2016(3).

[12] 张海熔．“旅游 +”新思路下洛带客家文化创意产业发展探析 [J]. 四川客家通讯 ,2016(1).

[13] 钟文典 , 陈世松．四川客家 [M]. 桂林：广西师范大学出版社 ,2005.

安仁镇

[1] 成都晚报记者．一座庄园两个大门 刘文辉公馆独有 [N]. 成都晚报 ,2015-12-8.

[2] 樊建川口述．大馆奴 樊建川的记忆与梦想 [M]. 北京：生活・读书・新知三联书店 ,2013.

[3]（美）柯白著 , 殷钟崃 , 李惟键译．四川军阀与国民政府 [M]. 成都：四川人民出版社 ,1985.

[4] 乔诚，杨续云．刘湘 [M]. 北京：华夏出版社，1987.

[5] 任一民．四川近现代人物传第 4 辑 [M]. 成都：四川大学出版社，1987.

[6] 四川省地方志编纂委员会编．四川省志人物志上 [M]. 成都：四川人民出版社，2001.

[7] 四川省文史研究馆编．民国四川军阀实录第 3 辑 [M]. 成都：四川人民出版社，2011.

[8] 吴志维，甘霖．安仁：1 个小镇，27 座公馆 [J]. 中国国家地理，2014(4):56-70,72-77.

[9] 杨家润．刘文辉传 [M]. 北京：华文出版社，2009.

[10] 杨庆珍．安仁公馆的灰塑之美 [N]. 四川经济日报，2017-08-16.

[11] 张永久．刘湘家族 民国四川第一家 [M]. 重庆：重庆出版社，2008.

悦来镇

[1] 车辐．川菜杂谈 新版 [M]. 北京：生活·读书·新知三联书店，2012.

[2] 杜受祜，张学君．近现代四川场镇经济志第 1 集 [M]. 四川社会科学院出版社，1986.

[3] 四川省大邑县志编纂委员会编纂．大邑县志 [M]. 成都：四川人民出版社，1992.

[4] 四川省文史研究馆编．民国四川军阀实录第 1 辑 [M]. 成都：四川人民出版社，2011.

[5] 苏伟．晃荡成都 [M]. 北京：中国旅游出版社，2013.

[6] 王炜薇整理．我爱成都·天府好家规 车耀先：以“谦”“俭”“劳”为立身之本 [EB/OL].http://www.ljcd.gov.cn/show-41-37935-1.html,2017-02-21.

[7] 许蓉生．水与成都 成都城市水文化 [M]. 成都：巴蜀书社，2006.

[8] 杨家润．车耀先传 [M]. 重庆：重庆出版社，1990.

[9] 岳南．那时的先生 1940-1946 中国文化的根在李庄 [M]. 长沙：湖南文艺出版社 ,2016.

[10] 宇心．少年车耀先 [M]. 成都：四川少年儿童出版社 ,1999.

[11] 郑光路．被遗忘的抗战史 四川大抗战 [M]. 成都：四川人民出版社 ,2015.

[12] 中国人民政治协商会议四川省委员会文史资料研究委员会．四川文史资料选辑第 18 辑 [M]. 成都：四川人民出版社 ,1979.

[13] 中共成都市党史研究室．要吃革命饭，请到努力餐 [N]. 成都日报 ,2011-07-01.

街子镇

[1] 半夏．街子：深山藏古寺 [J]. 龙门阵 ,2008(7):74-78.

[2] 本刊编辑部．崇州街子村庄小镇古韵风 [J]. 行游天下 ,2013(6).

[3] 陈平．街子，青城山下的休闲小镇 [J]. 地图 ,2015(5):112-119.

[4] 崇州市政协文史学习委员会编，肖岩主编．崇州文史资料第 23 辑 [M]. 北京：中国文史出版社 ,2009.

[5] 方志戎．川西林盘聚落文化研究 [M]. 南京：东南大学出版社 ,2013.

[6] 何曾．街子印象 [J]. 农电管理 ,2014(3):69.

[7] 蒋蓝．街子古镇的灵山活水 [J]. 经营管理者 ,2016(29):94-97.

[8] 名人简历．罗元黼 [EB/OL].http://www.gerenjianli.com/Mingren/04/ki18rim42110men.html.

[9] 四川省崇庆县志编纂委员会编纂．崇庆县志 [M]. 成都：四川人民出版社 ,1991.

[10] 四川省崇州市政协文史学习委员会编．崇州文史资料第 20 辑 [M]. 四川省崇州市政协文史学习委员会 ,2006.

[11] 王大江．视觉成都 [M]. 北京：中国旅游出版社 ,2014.

[12] 魏红翎 . 成都尊经书院史 [M]. 成都：巴蜀书社 ,2016.

[13] 吴行 . 蜀中字库 [J]. 青少年书法 (青年版),2017(6):26-27.

[14] 洗砚 . 轻挽时光 [M]. 乌鲁木齐：新疆人民出版社 ,2015.

[15] 萧源锦 . 古镇街子 [J]. 晚霞 ,2013(1):29.

[16] 徐高芳 . 崇州街子古镇 [J]. 巴蜀史志 ,2012(4):1.

[17] 许有成 , 徐晓彬 . 于右任传 [M]. 上海：复旦大学出版社 ,1997.

[18] 张伯龄 . 街子吟及其解读 [J]. 巴蜀史志 ,2012(1):62-64.

[19] 周世通 . 水清山灵的皇家古镇 青城街子 [J]. 中国地名 ,2008(9):72-77.

临邛镇

[1] 成都市政协文史学习委员会编 . 成都文史资料选编抗日战争卷下 天府抗战 [M]. 成都：四川人民出版社；四川出版集团 ,2007.

[2] 川藏公路三十年资料简编 [M]. 成都军区后勤部军事运输部 ,1984.

[3] 李殿元 . 从“郫”“临邛”之名证“成都”得名 [J]. 兰台世界 ,2015(4):108-109.

[4] 李旭葵 . 抗日战争中的邛崃人 [M]. 成都：四川人民出版社 ,2015.

[5] 林向 . 临邛与“西南丝绸之路”[J]. 文史杂志 ,2009(1):24-28.

[6] 四川省邛崃县志编纂委员会编纂 . 邛崃县志 [M]. 成都：四川人民出版社 ,1993.

[7] 谈志兴 . 十八军进藏的艰苦辉煌 [J]. 文史春秋 ,2018(5):8-14.

[8] 王立显 . 四川公路交通史上 [M]. 成都：四川人民出版社 ,1989.

[9] 王能典 , 陈文书 . 农村改革逐浪高 [M]. 成都：四川人民出版社 ,1999.

[10] 王先梅 . 十八军进藏先遣支队进藏纪实 [J]. 党史博览 ,2016(8):26-27.

[11] 王先梅 . 十八军进藏纪实 [J]. 老年世界 ,2016(12):18-19.

[12] 姚志能主编 , 四川日报编辑部编 . 希望之路 四川农村十年改革纪实 [M]. 成都：四川人民出版社 ,1991.

[13] 杨先农，向自强．长征路线四川段文化资源研究·邛崃卷 [M]. 成都：四川人民出版社，2016.

[14] 叶青松．二野首任军长传奇 [M]. 北京：解放军文艺出版社，2014.

[15] 叶青松．一军之长 [M]. 贵阳：贵州人民出版社，2015.

[16] 罗宗荣，郭生春．四川农村体制改革 [M]. 成都：成都出版社，1995.

白鹿镇

[1] 曹伦．近代川西天主教教堂建筑 [D]. 西南交通大学，2003.

[2] 崔建勋．基于白鹿上书院灾后重建的旅游小镇开发研究 [D]. 西华大学，2009.

[3] 邓常春．清季四川教案中的官绅教关系诸谈 [J]. 宗教学研究，2006(1):206-209.

[4] 邓小刚，子房．哥特式的彭州白鹿镇天主教堂 [J]. 文史杂志，2004(3):49-51.

[5] 杜满希．法国与四川：百年回眸 [M]. 成都：成都时代出版社，2007.

[6] 高卫．关于彭州市领报修院修复与保护调查研究 [D]. 四川师范大学，2017.

[7] 郭丽娜，刘文立，朱清萍．清代中期巴黎外方传教会在川培养华籍神职人员活动述评 [J]. 宗教学研究，2009(1):98-106.

[8] 韩扬．彭州领报修院的震后修复研究 [J]. 中国名城，2009(4):51-56.

[9] 何一民．尹昌衡与四川军政府 [J]. 文史杂志，1991(4):14-15.

[11] 胡晓．清末法国传教士在四川教案中的处境及与地方官员的关系——从成都教案到义和团运动 [J]. 宗教学研究，2015(1):215-223.

[12] 季国良．近代外国人在华建筑遗存的遗产化研究 [M]. 南京：东南大学出版社，2016.

[13] 廖翔慧，陈昌文．龙门山天主教传播的三阶段特征——“白鹿领报修院”的百年发展 [J]. 宗教学研究，2011(2):252-255.

[14] 四川辛亥革命暨尹昌衡国际学术研讨会组委会 . 四川辛亥革命暨尹昌衡国际学术研讨会论文集 [M]. 北京：中国社会科学出版社 ,2014.

[15] 田闻一 . 辛亥大都督尹昌衡 [M]. 上海：上海文艺出版社 ,2011.

[16] 王怀茂 . 百年教堂瞬间逝 记忆长存教友心——四川白鹿镇领报修院 [J]. 中国宗教 ,2008(7):62-63.

[17] 吴嘉陵 . 四川军政府的第一次外交事务 [J]. 文史杂志 ,1991(4):16.

[18] 张凯菱 . 彭州市白鹿镇历史街区保护与再生研究 [D]. 四川农业大学 ,2014.

[19] 张予珂 . 关于彭州市领报修院再利用的研究 [D]. 四川师范大学 ,2018.

[20] 郑诗琳 , 薛熙明 , 朱竑 . 新生的旅游地：灾后重建背景下的地方重构——以四川省彭州市白鹿镇为例 [J]. 旅游学刊 ,2017(5):59-70.

[21] 钟钢 , 胡大牛 .1895 年“成都教案”简述 [J]. 四川文物 ,1992(4):64-66.

城厢镇

[1] 刘平中 . 锦江书院山长考 [D]. 四川大学 ,2007.

[2] 流沙河 . 流沙河自传 [J]. 作家 ,1983(7):46-50.

[3]（清）谢惟杰等修纂 . 嘉庆金堂县志卷五 [M]. 成都：巴蜀书社 ,1992.

[4] 滕久明 . 赵君陶教育思想论文集 [M]. 重庆：重庆出版社，2003.

[5] 吴刚 , 谭良啸 . 楹联上的成都记忆 [M]. 成都：时代出版社 ,2015.

[6] 徐琳玲 . 流沙河：前面是终点站 , 下车无遗憾了 [J]. 东西南北 ,2016(1):66-68.

[7] 徐德勋主编，中国人民政治协商会议四川省金堂县委员会文史资料研究委员会编 . 金堂文史 [M]. 成都：巴蜀书社，1990.

图书在版编目（C I P）数据

成都百年小镇 / 汪令江，邱果，徐艺心编著 . -- 成都：成都时代出版社，2021.9
（“天府文化 · 百年成都”丛书）
ISBN 978-7-5464-2650-1

Ⅰ . ①成… Ⅱ . ①汪… ②邱… ③徐… Ⅲ . ①乡镇－地方史－成都 Ⅳ . ① K297.15

中国版本图书馆 CIP 数据核字 (2020) 第 157948 号

成都百年小镇

CHENGDU BAINIAN XIAOZHEN

汪令江　邱　果　徐艺心　编著

出 品 人：李若锋
责任编辑：周　慧
责任校对：张　旭
责任印制：张　露
设计制作：成都读城投资有限公司
出版发行：成都传媒集团 · 成都时代出版社
028-86621273　（编辑部）
028-86615250　（发行部）
网　　址：www.chengdusd.com
印　　刷：四川华龙印务有限公司
规　　格：160mm×230mm
字　　数：260 千
印　　张：13
版　　次：2021 年 9 月第 1 版
印　　次：2021 年 9 月第 1 次印刷
书　　号：ISBN 978-7-5464-2650-1
定　　价：58.00 元